天下文化
BELIEVE IN READING

轉角就郵愛

從特色郵局出發
找回書信傳情的美好年代

目錄

Contents

攝影／廖志豪

目錄
Contents

第三章 跟著名人「郵」一遊

第四章 「郵」情暖心收發室

序

郵局，住在你我的青春裡

林佳龍／交通部長

對每個五、六年級生來說，郵局在兒時回憶裡都曾經留下些許深刻印象。許多人（包括我）人生的第一本存摺，就是郵局儲金簿，記得兒時學校鼓勵儲蓄習慣，我們都會拿著零用錢與寫著自己名字的儲金簿，交給老師統一收集，存進郵局，看著存摺上的數字逐漸增加，喜悅與滿足的心情無可言喻。

國、高中時期，每逢年節，學校旁邊的文具行就會擺出一整排卡片，放學時我們會刻意繞過去逛逛，選幾張卡片，回家寫下祝福的隻字片語，封起來、貼上一枚郵票，寄給遠方的親朋好友。

書寫信件需要思考，寄送信件需要時間，閱讀信件更需要細細品味字裡行間的意涵，每個時刻的等待與體會，幫助兩人慢慢建構出對方的形象，與現在年輕人一碰面就互相交換臉書、Line 帳號，頃刻間馬上成為好朋友的交友模式，全然不同。時間與距離烹煮出來的情誼是雋永，手機與網路燃燒出來的情誼是熱情，無關好壞，時代差距罷了！

我喜歡書寫帶來的溫度與情感，又是個念舊的人，朋友常笑我用了十多年的日誌本，永遠都是同一款式，或許個性使然，我確實無法一見面就跟對方熱情寒暄，卻總能透過書寫，讓對方感受到自己真摯關懷的溫度，或許，這就是書寫與文字的魔力。

臺灣很美，無論是大城市或小鄉鎮，都有值得細細品味的所在。我們在推廣臺灣觀光旅遊時，經常看到鄉鎮活力的來源，有廟宇、有老街，還有郵局。我們的郵務人員牽起人與人之間的線，也傳遞期待與祝福。這本《轉角就郵愛》的出版，無疑是提供民眾與遊客，另一種深入體驗臺灣生命力的視角，以郵局為出發點探索城鎮，感受在時間的淬鍊、歷史的演繹下，城鎮所展現出臺灣道地人文風情的底蘊。走一趟書中的特色郵局之旅，藉由明信片寫下旅行的心情與觀察，寄給自己或親友，透過旅行、書寫、等待、閱讀，或許更能讓我們靜下心來，遠離平日生活上的紛擾，真實體會生命與環境的美好，並且發現：原來好鄰居——郵局，不但在你我的青春中留下印記，更與我們的故鄉攜手度過無數個寒暑，與人們相遇無數次，寫下無數個感人的故事，正等待著人們去探索、去挖掘。

序

百年名店，再造幸福美好年代

魏健宏／中華郵政董事長

二〇一九年，中華郵政邁入第一百二十三年，始終秉持「為社會傳遞幸福美好的生活理念」，我們結合觀光，推廣在地產業與文化魅力，挖掘在地人情之美，與遠見天下文化事業群合作出版《轉角就郵愛》專書，以特色郵局為出發點，呈現各地文化、美景、美食，讓民眾透過郵局看見美麗臺灣。

隨著時代演進，人們互通訊息的方式也隨之改變，從手寫書信，到發電子郵件或使用社群媒體，手寫的溫度逐漸被淡忘，因此我們舉辦網路徵文、徵圖活動，邀請大家一起分享對郵局的情感與回憶，希望藉此帶領大家找回書寫的溫度與感動，重溫以信件傳遞情意的幸福年代。

中華郵政肩負「傳遞信件」與「普惠金融」任務，無時不以「顧客需求」為導向，堅持「卓越服務，全民信賴」的核心價值，並不斷追求創新轉型，效率提升，期能更貼近民眾，提供更溫暖貼心的服務。這個轉型的脈絡，我們將從「文化、潔（節）能、智慧、幸福」四大面向出發，打造成為文化郵局、潔（節）能郵局、智慧郵局及幸福郵局。以文化郵局來說，充分結合在地產業、農業、觀光及生活，透過郵票發行、化身旅客問路店，發揮文化推手角色，也讓世界看見臺灣。此外，我們響應非核家園及節能減碳的國家政策，導入潔能車輛，推動節能局屋，致力成為安全、潔淨、永續的潔（節）能郵局。

因應物聯網興起，電子商務蓬勃發展，積極推動業務數位轉型，朝向「智慧物流」及「數位金融」目標邁進。例如：引進智慧物流體系的架構與優點，預計二〇二〇年完成建置全臺三千座「i郵箱」，提供民眾便利的寄（取）件服務；並積極開發多元電子支付與網路投保，陸續於全國各地區啟用「數位金融郵局」與規劃建置「虛擬櫃員機VTM」，以提供二十四小時自助服務。

在幸福郵局方面，中華郵政推動關懷獨居長者服務，舉辦系列活動鼓勵長者培養運動習慣及拓展人際關係；並盤點各地方郵局節餘空間，提供衛生福利部評估設置長照服務機構之可行性，藉此讓銀髮族擁有健康、快樂的幸福生活。

跨越雙甲子、迎向新紀元！不變的承諾，永遠的守護，智慧潔能、文化幸福的中華郵政，期許發揮影響力，帶動社會邁向更美好的未來！

序

一封信，一件包裹，聯繫了人們最真摯的情感

陳憲着／中華郵政總經理

過去想跟遠方親朋好友聯繫，寫信是常用的方式。尤其在年節前後，自遠方捎來報平安的信件，撫慰了人們的心靈；而許多人更是每日引頸期待郵差的到來，郵差與郵局對於民眾來說，就像左鄰右舍一樣親切，也是生活的一部分。

早年我在南投埔里郵局擔任人事主管時，有一位榮民伯伯來郵局找我，原來是快過年了，他想送紅包給負責住家區域的郵差，卻被婉拒，老伯伯說，自己住得偏遠，但郵差不論颳風下雨，每天準時送信、從不缺席，這種精神讓他既感動又感謝，希望藉由一點小心意給郵差鼓勵。

這件事讓人印象深刻，更使我深深感受到：郵政穿越了困難的時代，經過一段段的遞接與傳承，將一封信、一件包裹，視為一份真切的信任與囑託，聯繫兩地情感，讓人們思念的生活更精采。

而郵差，則秉持一生懸命的精神，堅持把事情做到極致，用生命守護著自己看重的職責與事業，這種理念與精神，讓我們看到在土地與人之間，最真摯的情感。

近年來，網際網路興起，電子商務蓬勃發展，訊息傳遞更加快速而無遠弗屆，對於中華郵政這家百年企業來說，無非是一種衝擊與挑戰。

但是，我們相信，即使時代再怎麼演進，傳遞訊息再如何方便，唯有真情無法取代，也因此，中華郵政十分珍惜與在地民眾長年累積下來的深厚情感，希望透過轉型來滿足現在消費者真正的需求。

因此，中華郵政朝向數位化、電子化及智慧化發展，提供「i郵箱」服務，方便網購業者二十四小時寄貨，民眾也可以指定地點、時間，直接到「i郵箱」取貨；另外還能貨到付款服務，增加付費方式的彈性及多樣化，此外，我們也推動「業務網路化」及手機「e動郵局」功能，陸續啟用「數位金融郵局」，並計劃建置「虛擬櫃員機VTM」，讓消費者感受到快速便捷的郵政服務。

二〇一九，中華郵政邁入第一百二十三週年，我們將本著初心，持續扮演守護民眾的好鄰居角色，並將臺灣隱身在大城小鎮中，真善美的故事，透過本書編撰及出版，一一挖掘出來，透過旅遊景點的推薦、歷史文化的爬梳、人物故事的描繪，勾勒出充滿畫面且活力充沛的臺灣，也為郵政百年風華，寫下一段雋永且深刻的紀錄。

序

郵局，讓旅行更美好

戴勝通／跟著董事長遊台灣創辦人

曾經因為做生意，必須在世界各國間奔走。揮別商場生活之後，我開始投入旅遊與寫作，體驗旅遊人生，從人、物、景，更深一層發現臺灣土地的美好。於是，我選擇旅遊做為二度創業，開設旅行社，自己當導遊。

除了親自帶團，因為覺得文章要自己寫才有感情，我也學習網路科技，設立臉書粉絲專頁與旅遊同好交流，但有些旅行的悸動，最深刻的體會就在發生的當下，拿起筆，在明信片上寫下想說的話，貼上郵票，投入郵筒，似乎比臉書更有溫度。透過「郵寄」，不但累積了更多的旅遊回憶，也在臺灣各地遊走閒逛的過程中，還發現了好幾處有故事、有特色的郵局。

除了阿里山郵局號稱是「離天空最近的郵局」、「和洋混合風」建築形式的馬公郵局、臺南北門郵局門面粉紅色的「Love」和大紅色的喜氣郵筒等等。還有外觀是彩繪伯勞鳥及愛文芒果、洋蔥等大型便利箱的「枋山郵局」，大門口的伯勞鳥造型郵筒，最受歡迎，屋頂加裝太陽能光電板，整點還有「開箱秀」，相當精采。

從這些特色郵局中，我們可以感受到中華郵政與時俱進的積極作為，例如創新設計的局屋外觀、融入地方產業特色或生態保育意義的特色郵筒，將郵局變身成打卡熱點，提高郵局及地方知名度，一舉兩得。

此外，最近中華郵政推出的「i郵箱」服務，提供旅行者快速便捷的服務，當行李箱空間有限，提著大包小包搭車又不方便，推薦旅客利用「i郵箱」，在郵局、火車站、捷運站，可以寄件、取件。因為中華郵政，讓旅行變得更方便了。

百年郵局　百年風情

從A點到B點，
距離有多長？傳送訊息時間多久？

從古代飛鴿傳書到現代郵差開車、騎車大街小巷寄送，
以及數位時代一指按下，訊息即時抵達。
傳遞訊息的方式，隨著文化與科技的演進而轉變，
永遠不變的是那一份，想讓對方了解的真摯情意。

攝影／廖志豪

一封信．兩個人．情牽三方

時代在變，送信傳情心意不變

時代與科技的演進，改變了傳情送信的方式，不曾改變的，是寄件者的殷切心意、收信者的引頸期盼，以及送信者的使命必達。

傳遞訊息是人類與生俱來的需求。從寫信、寄信、送信，到對方收到信件，這一連串過程看似單純，其實卻蘊含著各種情感與心意，而送信的人，不知不覺地從旁觀者，變成故事中的一角，更是牽動著雙方，不可或缺的重要角色。

從飛鴿傳書到步遞、馬遞

談起古代傳遞訊息的方式，首先映入腦海的必是武俠小說中常見場景：送信者將紙條捲好、綁在鴿子腳上，放手讓鴿子振翅翱翔，訊息即傳遞到遠方收信者手中。這並非虛構，古代傳信方式，最快速便捷的莫過於信鴿傳書，利用鴿子天生的歸巢習性，以及具備感受磁力與緯度的特質，辨別方向，在長途飛行過程中也不致迷路。

除了鴿子之外，以人力、馬匹傳遞也是古代主要送信方式。以宋代舉例，稱送信者為「鋪兵」，分為「步遞、馬遞和急腳遞」，步遞顧名思義就是走路送信，馬遞則為騎馬遞送。

而用快馬接力傳送的急腳遞，則用於軍事情報，需以一塊「金字牌急腳遞」的木牌漆金字做為辨識，急腳遞的鋪兵除了不捨晝夜、換班急馳外，身上配有鈴鐺，鳴鈴便於開道，傳達十萬火急的軍令。僅限軍方使用的急腳遞，是宋代新創的一種制度，以後為各代所傳承，一直延續到晚清時期。

從送信到提供服務，郵局走進生活

隨著時代與科技的日新月異，歷經一百二十三年歲月的中華郵政，與時俱進，因應網路時代的潮流與現代人生活型態的轉變，朝向智慧物流及數位金融方向邁進。

而郵局分支機構遍布全臺，透過日日穿梭街頭巷尾的郵務士，不但可以更貼近在地文化，也能為偏鄉民眾提供溫馨親切的服務，讓一封信或一個包裹，就像是一條無形的線，緊緊牽動著寄信者、收信者與傳遞者，寫下一篇篇真摯動人的故事。

2019 年 1 月 29 日郵政博物館以美學、經典為概念，重新開幕「郵政歷史常設展」，展出由古至今的各式郵票、郵筒、文獻等。若想更了解郵政的傳遞歷史，不妨到郵政博物館一探究竟。

以郵票為起點，探訪各國郵政脈動
歷史軌跡與世界風情盡在手心

郵票，象徵著國家的名片，發行郵票也代表著國家主權，同時反映出一國的歷史文化、風俗民情、藝術品鑑等意義。

郵票，在郵政系統中向來就扮演著重要角色，郵票形式的演進，也能幫助現代人遙想早期人們生活的經歷，走一趟朝代更迭的巡禮。

一枚郵票，一段回憶

一八七八年，是中國邁入現代郵政的序幕，當時試辦郵政，並發行所謂的「海關一次雲龍郵票」，俗稱「大龍票」，此為中國史上第一套郵票。一八八八年時，劉銘傳巡撫推動開辦臺灣郵政總局，當時曾向英國訂製一批「龍馬郵票」，後來在臺灣沒有發行使用。直到臺北至基隆鐵路各段陸續通車後，此龍馬郵票便被加蓋上臺北、水返腳（又名水轉腳）等鐵路站名，當作車票使用。

第四版獨虎郵票4方連

第五次 台北至錫口及水轉腳

根據記載，當時郵資計費標準為一站二十文錢，而每經過一站都會在郵票上加蓋站名，像存根憑據似的，也因此，臺灣郵票與郵政商票又被稱為「站票」。

一八九五年，劉永福在臺南開辦獨虎郵政，並發行郵票收寄民間郵件，以木頭刻章發行了三版「獨虎郵票」。郵票中的老虎彷彿從山頂上俯視，勇猛地對著山谷溪流吼嘯，氣勢十足。縱使獨虎郵票只短短發行了八十一日便走入歷史，但卻記載著臺灣曾經走過的一段歷史歲月。

郵票圖騰東西方文化大不同

從郵票圖騰來看，西方國家很習慣用元首像做為郵票圖像，但中國皇帝則忌諱以龍顏登上郵票，多以龍圖騰象徵天子威嚴。例如大龍票便以雲龍戲珠為圖，首開「龍」圖騰的先鋒。

而一八九四年為了慈禧太后六十大壽誕辰所發行

慈禧壽辰紀念郵票

一套九枚慈禧壽辰紀念郵票，則是中國的第一套紀念郵票，俗稱「萬壽郵票」。圖案飾以蟠桃、牡丹、萬年青等象徵吉祥與長壽的花卉，其中七枚龍圖騰更是為象徵皇威而設計。

在古代與書信相關的成語或典故中，常常出現以魚、雁為暗喻的例子，比方說鴻雁傳書、魚沉雁杳等等，也因此魚、雁經常是郵票圖騰設計慣用的素材，例如清朝一八九七年郵政官局成立後，正式發行的第一套郵票，就是以蟠龍、躍鯉、飛雁為圖騰，並以此做為常用郵票，俗稱「蟠龍票」。

昔日動盪歷史，今日珍貴稀有郵票

一枚小小的郵票，除了代表國家主權之外，也見證了歷史更迭。時值今日，這些珍貴稀少的郵票，不但成為集郵人士的最愛，一票難求的高貴價格，更讓人感受到其不凡身世。

例如紅印花加蓋暫作郵票，或稱為紅印花郵票，正是珍貴郵票的代表之一。談起紅印花郵票的起源，就要回到一八九八年郵政匯兌業務正式啟動，當時郵局以一紙匯銀執據，讓匯款人貼上與匯款金額相當的郵票，封入信中寄送，收款人則以此憑據到當地郵局請款。不過，當時的郵票多以錢、分計算，面值太

上海版飛雁加印大字圓框郵票

小無法因應匯兌需求。

為此，一八九七年時，便以造冊處儲存未經使用的六十五萬枚紅色三分海關印紙，加蓋「當壹圓」、「當伍圓」等字樣，應急做為暫時替代性的正式高面值郵票來發售貼用，這是中國第一次以其他票券改作郵資憑證的郵票，因為印刷精美，流傳於世的數量稀少，如今印有紅印花小壹圓的郵票，成為世界最貴的有齒郵票，在拍賣場上創造驚人佳績，擁有著非凡身價。

另外，一九四九年於上海版印製的飛雁無面值郵票，其後加印的三版郵票則是臺灣自光復以來，郵政總局在臺發行的郵票中，最具價值的代表作。

這款以道林紙用膠版印製的飛雁郵票，圖中有雙雁翱翔於天際，象徵無邊無界的郵遞傳送。其左上角用篆體「中華郵政」標示，無面值則反映出當時動盪的時代背景。

飛雁郵票印製時，幣值波動劇烈，郵資頻繁變動，只好以無面值因應實際情形來調整售價。然而，還未發行就遇到中國淪陷，郵政總局撤退來臺後，恰巧遇上幣制改革，來不及印製新臺幣郵票，便以無面值飛雁票加蓋新臺幣面值使用。至於未加蓋面值的飛雁郵票，則從來沒有正式發行過，在一九五五年飛雁票銷毀過程中，以「酌留古票」方式留下，今日被視為珍品。

關於郵票，不可不知二三事

世界第一枚郵票

1840 年，以英國維多利亞女王 18 歲登基的側面頭像為圖，所製作的「黑便士」是全世界第一枚郵票，屬於單色黑色印刷，後來因為黑色不易辨識出郵戳，不到一年後就改為「紅便士」。

身價最高貴：金箔郵票

世界最早的金箔郵票由非洲所發行，以身兼神學家、音樂家、哲學家及醫生阿爾伯特•史懷哲為圖像，壓模成形，其郵票中確實有含金的成分。

會唱歌的郵票：唱片郵票

瑞士曾經發行過「唱片郵票」，外形呈唱片狀，紙質還有木板般的厚度，若讓中心紅色圓圈置於特定播放器中，還可以聽到瑞士國歌隨轉動流瀉唱出。

特殊形狀：三角形郵票

世界最早的三角形郵票，是 1853 年由非洲南非共和國的西南端好望角所發行，它同時也是南非最早使用的郵票。

航空郵件專用：航空郵票

航空郵票的圖案大多數為飛機，但也有飛雁、火箭等圖像。如中華民國第一套航空郵票圖案為飛機飛越萬里長城，又稱「北京一版航空郵票」。

最早出現的聖誕郵票

加拿大於 1898 年發行世界最早的聖誕郵票，圖騰是世界地圖，這也是加拿大歷史上發行的第二套紀念郵票。

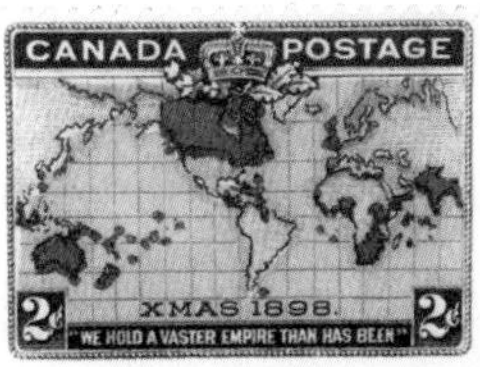

富有特殊意義的紀念郵票

所謂的紀念郵票，顧名思義是為了紀念某一事件或場合特別發行的郵票。如 1952 年為慶祝政府播遷來臺，而發行地方自治郵票。

勇於創新的奧地利郵票：足球、水晶郵票

奧地利曾發行許多特殊材質的郵票，例如將皮革成分揉入郵票中的「足球郵票」，或是郵票黏上知名品牌施華洛世奇水晶的「水晶郵票」。

材質最特別：絲絹郵票

「郵票王國」列支敦斯登所發行的「絲絹郵票」，使用衣服布料製成，由於布料本身不易上油墨，所以需調和一定比例的紙纖維。

轉角遇見它，傳遞愛的起點
郵筒蛻變，造就獨特街頭風景

佇立在街頭巷弄間的郵筒，除了讓人們傳遞信件更便利之外，仔細觀察，郵筒的形狀、顏色、標誌各有不同，它們更順應潮流而改變，見證了時代與文化的變遷。

不知道你是否曾有這種經驗：郵筒，想寄信時找不到，不需寄信時，卻經常瞥見它就守候在街角。很容易與街景融為一體的郵筒，看似容易被忽略，其實在寄信過程中，卻扮演著重要角色。

從木造材質到玻璃纖維，郵筒更實用

事實上，每個國家郵筒的形式與設計風格各有不同，在臺灣普遍可見的是「雙口方柱型郵筒」，採用玻璃纖維材質製作，紅色投遞口為限時郵件、綠色投遞口則為一般郵件。

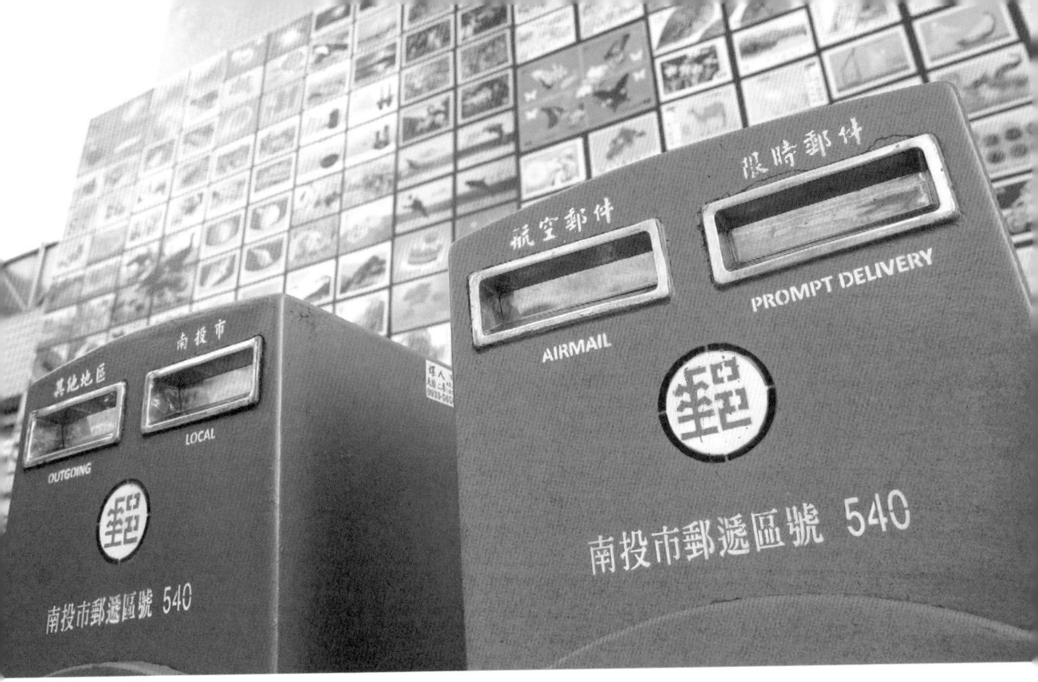

回溯過往，光復初期時的郵筒原是木造材質，而後陸續改成鑄鐵製作的圓型郵筒，但現今已不多見。因為鑄鐵郵筒體積龐大且笨重，造成移動不易，此外，鑄鐵郵筒深度深，信件多半達不到半滿狀態，郵差收信也得辛苦地彎腰，種種因素考量下，中華郵政便決定汰換使用已久的圓型郵筒，改為方型郵筒。

郵筒變身又轉型，迎接新世代來臨

隨著歲月更迭，郵筒的定義也變得多元，不再只是單純傳遞信件的容器，更富有在地文化以及教育的意義，如原住民族風格彩繪郵筒，或是提倡人們關注海底生態環保而設的海馬造型海底郵筒。

可見郵筒的造型功能一直改變，如今更因應網路購物，有了新型態的「i郵箱」，提供全年無休、自助式的包裹寄、取服務。從傳統到創新，郵筒的蛻變十足見證了每個年代轉變的歷程。

回顧舊時代的古老郵筒

自助郵亭
（1952 年）

這座古色古香的迷你涼亭，亭內有各種郵票、明信片以及零錢，是中華郵政為了便利民眾，加快作業速度所設置的「自助郵亭」。

趕班信筒
（1947 年）

趕班信筒的誕生是因應當年國家推行「航空運輸以郵件為先」，專門收送趕班信件，只要在上午 9 點前投入的郵件，就能確保在當天送達。

大清郵筒
（清光緒 32 年）

距今有一百多年歷史的大清郵筒，筒身以綠色為基底，貼有紅底白字的「大清郵政」四字，上頂以金漆描繪出二龍戲火的圖紋，頗具莊嚴。

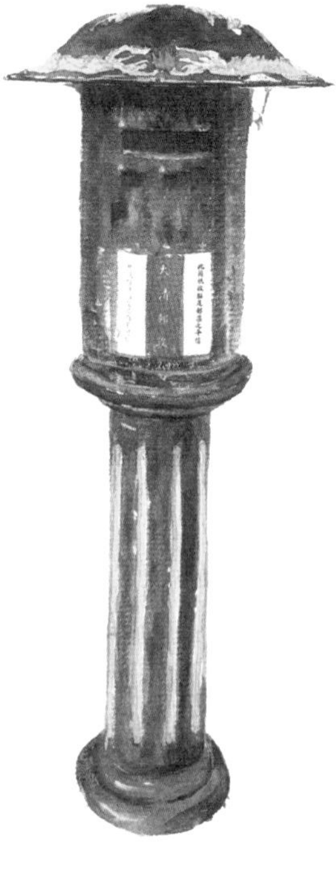

平包信筒

（1958 年）

此為「可投遞包裹」的郵筒，藍色的筒身為鋁質製作而成，是 1958 年中華郵政推出專門寄送平常包裹的郵筒，而後因平包業務停辦撤銷服務。

雙口限時信筒

（1956 年）

1956 年 8 月 1 日為了配合限時專送郵件的業務開辦，中華郵政再特製了「銀藍」二色的雙口限時郵筒，專收限時郵件。

雙口普通信筒

（1956 年）

此座郵筒為雙口設計，漆上黃色的投遞口為本市郵件、漆上綠色的投遞口則為外埠郵件，這樣的造型也省去初步分類郵件的作業時間。

插圖／劉雅文

城鎮輕旅 嬉「郵」記

探索一個城鎮，你會從哪裡開始？
郵局，是個不錯的起點。

仔細觀察，臺灣大城小鎮的中心，幾乎都存在一座郵局。
擔負著居民儲匯通信的重要任務，
也是小鎮生活的重心，
想認識城鎮，以郵局為起點準沒錯！

臺北北門郵局
重溫臺北歷史地景風貌

歷史建物，記錄著一個世代居民的生活軌跡，
更見證著當代領導人的眼光與氣度。

坐東南朝西北的北門，矗立於當今臺北火車站的交通要道間，舊時鐵道部的日式建築群橫亙後方，旁有磚木混合建造的三井物產倉庫伴左。前方彎角處有撫臺街洋樓據於南側，呼應著日治初期石

木混合的建築構造特色，與臺北北門郵局折衷式的建築相輝映，一同展現著曾經走過的歷史風華。

走進郵局，邂逅古希臘建築

立於北門身側的臺北北門郵局，仿佛跟著北門一同見證著臺灣歷史更迭，看著清代劉銘傳、日治時期後藤新平到現今臺灣領導者走過北門，經歷重大歷史事件的足跡，與周邊建築互相呼應，留下重要里程碑，也是遊客們

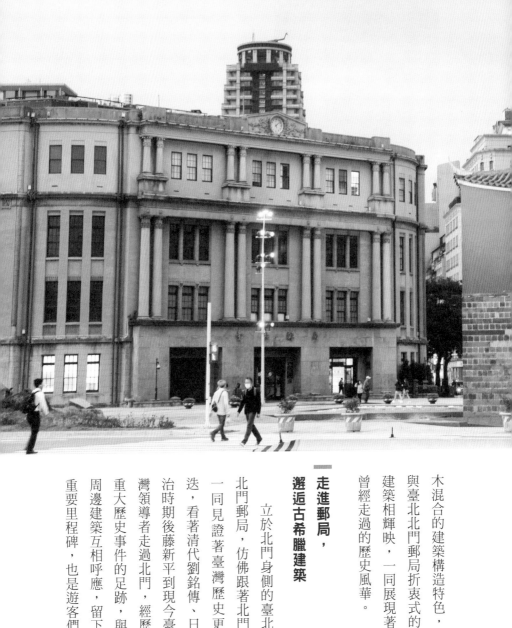

仿古老郵筒

深入了解在地人文風貌的最佳起點。

北門郵局於一八九八年興建，早期的建築結構為木造工法，期間曾遭祝融之災焚毀，一九二八年由當時臺灣總督府營繕課的栗山俊一重新整修設計，改用鋼筋混凝土建成，除了外牆使用洗石子外，亦採用當時由北投窯場所產的淺褐色小磁磚，運用「二丁掛」磁磚工法，一小片一小片地貼上外牆，歷時兩年完工。

抬頭仰望北門郵局上方，可一窺柱頂以上的古希臘建築軌跡——山形墻，在等邊三角形中間鑲有時鐘，水平飛簷下飾有圓拱型的方窗。橫向排面長達約二十一公尺，不但展現出宏偉壯闊的氣度，最早期的大門還設計有五連圓拱狀的迴廊，支撐的四對科林斯柱式（Corinthian Order）綻放出希臘式建築的均衡與典雅，其柱頭還裝飾有渦耳狀或草葉狀的雕刻，兼具莊重與雅致氣質。

特別值得一提的是出現於牆面、柱腳間巧奪天工的裝飾。除了柱頭上方有一定弧度的羊角內渦卷外，莨苕葉的裝飾更如同盛滿花草的花籃般，相當引人注目。

相傳古希臘時期人們喜歡用一種稱作莨苕的植物祭祀逝者。當時，浣衣女子提著提籃隨手摘取莨苕葉，離去時，不經意地將莨苕葉留在地上，給了路過的建築師一絲靈感，進而將之裝飾於列柱的柱頭上，創造出柯林斯柱式。而這樣的設計，在北門郵局裡裡外外的列柱中，屢屢再現。

莨苕葉裝飾

屬於折衷式希臘式建築的臺北北門郵局，其科林斯柱式的柱身與柱基比例嚴謹講究，建築體細微處不時點綴有球型花朵、葉式裝飾，而歐式建築注重門窗採光的特性展現，更在二樓門廊間展露無遺。

步入北門郵局內部，依舊看得到列柱式構造，但整體設計則走向現代主義的簡約風格，大廳與天花板角線處也展現出古典雕刻風貌。

一九六〇年代後，北門郵局原有的拱門式車寄門廊為了讓郵車進出方便而拆除，建築外層也因不時有磁磚剝落，歷經幾次整修。後來，在兼具歷史意義與特殊建築風格的考量下，一九九二年八月十四日北門郵局被指定為國家直轄市定古蹟。

臺北北門郵局自一九三〇年創建至今，已屆滿九十週年，為了能更完整呈現出歷史軌

挑高設計的郵局大廳

跡，北門郵局預計進行早期拱門式車寄門廊修復工程，希望能復刻出古蹟風華。

古蹟是在地文化與歷史的精華，就算環境再如何變遷，北門郵局也將保持原有風貌，讓遊客可以透過建築重返過去的歷史場景。

豐富內涵，深度探索郵政博物館

來到北門郵局，如果是對中華郵政歷史有興趣的遊客，或是郵物收藏家，絕不能錯過郵政博物館的臺北北門分館。

北門分館原本是臺北北門集郵服務中心，成立於二〇一五年一月十八日，當時為了慶祝市定古蹟臺北郵局外牆整修的工程完工而特別成立。

二樓設立的郵政博物館臺北北門分館，就像是郵政博物館的延伸展場，從入口處拾級而上時，樓梯牆面設有郵政博物館大事紀及難得一見的老照片，館內還有郵筒展示區、時光走廊、3D地板畫拍照區、參觀紀念蓋戳區、親子益智區及特展室等，在創意的巧思設計下，北門分館形塑了一個具有教育意涵且適合親子同樂的互動展覽館。

承接天恩之北門，古蹟風華不減

列為國家一級古蹟的承恩門，又稱北門，是「臺北府城」五大城門中唯一保持建城原貌者，在臺灣的歷史上占有重要的關鍵地位。一八九五年馬關條約簽訂後，當時的日軍從臺灣北部登陸時就是由此門入城，揭開了臺灣日治時期的序幕。

承恩門因面向北方，取「承接天恩」之意而得名，立於臺北府城的正門之位。當時，清朝官員進入臺北府城經常會乘船沿著淡水河上溯，自北門外上岸後，再從北門進城。為此，北門外還曾經設有一座木造的接官亭，一般的民眾則是由南門入城。

北門城門的方位面向淡水河河口，又側重防禦，所以在封閉的碉堡式城門外，又增建了一道俗稱「甕城」的方形外廓，包圍著半面城門。雖然今日方形外廓已不復存在，但當時北面門洞上方處所題的「巖疆鎖鑰」橫額卻依舊能見。

以石砌建築聞名的北門，其台座的石材採用大直北勢湖山區一帶的安山岩，屋頂是中國南方傳統建築常見的單簷重脊歇山式，二方一圓的外壁窗洞，則具有監視作用。

城樓內部有一道內壁，與外壁形成一個「回」字構造，雙重護衛著城樓中央的活動空間。

身為臺灣史上重要歷史古蹟的北門，也曾險遭不測。當年日本人據臺執行「市區改正計畫」時，曾在一九〇四年拆除大半「臺北府城」城牆，到了一九〇五年拆除西門後，原本要進一步拆除包括北門在內的四座城門，後來在臺灣總督府圖書館館長山中樵及其他學者的請命，以及民政長官後藤新平的支持下，北門才免於被拆除的命運。

我們尚能見到歷經清朝、日治時期，以至今日的北門原貌，實屬難得。如今城門內甚至還留有當時戰亂留下來的彈孔，無怪乎北門成為海內外遊客造訪臺北時必到的景點之一。

西區門戶意象：三井倉庫、臺北撫臺街洋樓

在北門郵局周邊的老建物甚多，如充滿謎樣的古倉庫——三井倉庫，它的正式身分與起造年份，一直以來都爭議不休。直到二〇一四年，因為「西區門戶計畫」，三井倉庫的歷史風貌才逐漸清晰。

日治時期，「三井物產」是臺灣總督府刻意從日本引進並培植的財團之一，相傳其掌櫃與後藤新平相當友好。到了二十世紀初，這個集團不但已是當時北臺灣最大的株式會社，同時也是全臺數一數二的企業體。

三井倉庫

二次大戰後，由臺灣省政府物資局管理三井物產的建築體，二〇〇二年再移交給臺鐵。而後讓臺北市政府做為交八廣場用地，並於二〇一〇年被指定為歷史建築。

到了二〇一八年，三井倉庫遷移了五十一公尺後完成重建。其建築體為三崁式的二層樓磚木混合構造，中央的正、背立面都設計有山牆，中央立面的半圓形山牆則保留了三井物產菱形商標，更是目前臺灣唯一留存三井物產商標的建築物。

距離三井倉庫不遠的「撫臺街洋樓」也是必訪點，步行十分即可到達。其實從清朝、日治到戰後國民政府遷臺以來，並沒有一條稱為「撫臺街」的街道。撫臺街洋樓的名稱來自於劉銘傳任職臺灣巡撫期間，為了治理全臺軍政，在現在的武昌街以及延平南路設立了「巡撫衙門」，因此，延平南路在當時被稱作撫臺街。

一九九七年被指定為市定古蹟的撫臺街洋樓，距今已有百年歷史，被當地人稱為「石頭厝」，算是現今臺北城內碩果僅存的日治初期獨棟式商用店鋪。日治時期結束後，撫臺街洋樓曾一度轉為警備總部的諮詢案情室、警備總部軍法室人員的宿舍，以及國防部退休軍眷的寓所。

有別於一般常見的連棟式街屋建築，洋樓的一樓為樸質厚重石材——唭哩岸石頭疊砌而成，正面以半圓拱門做為出入，與前方寬敞的騎樓形塑成典雅的拱廊。建築二樓與屋架皆為木造結構，外層裝飾有洗石子，頂面以石棉瓦片鋪設。屋頂則是歐洲巴

鐵道部內部尚在修復，遊客則可走訪周邊建築物

洛克時期以後常見的馬薩頂，厚重且呈現雙坡樣式，頂部以三扇老虎窗做為透風口，屬於仿文藝復興樣式的建築。這種風格常見於日治時期的官署、公共建設中，傳達強烈的威權感。

直至今日，旁無相鄰建物的撫臺街洋樓，受到當年歐陸古典風格的影響，其簡潔而不繁複的裝飾，質樸卻不失雅致的細節，仍在當地呈現一種獨樹一格的美感。

親眼見證，臺灣鐵路重要的行政中心

出北門進入大稻埕的第一棟建築物是臺灣鐵路管理局舊廳舍，日治時期則是臺灣總督府交通局鐵道部的辦公場所，這棟二層磚造文藝復興式建築，歷經清代的機器局、日治時期的鐵道部，一直到臺灣鐵路管理局，可說是看盡北門、大稻埕一帶的歷史興衰風華。

鐵路管理局前身的「清代機器局」，是清朝希冀用兵工業自製能力和西方抗衡時，當時臺灣首任巡撫劉銘傳，有感於臺灣孤身在海外，軍事建設不足又難以調度軍力，為此積極設立此機器局，算是臺灣建省後首先開啟的軍事建設之一，足可見此位置早期扮演的重要地位。

一八九九年，直屬總督府的「臺灣總督府交通局鐵道部」正式成立，負責鐵路相關業務，日治時期近五十年間，這一帶街廓及其周邊幾乎全為鐵道部使用，具有臺灣鐵路重要行政中心地位，一直到民國後，鐵道部原址仍繼續被臺灣鐵路局所沿用。

鐵道部所在地面對過去有「臺灣人的街」、「日治的東區」之稱的太平町，也就是今日的延平北路。建築形式屬於半木構式，在磚砌外牆入口處，是弧狀圓拱門洞，其牆面裝飾有洗石子的圓柱天窗，而二樓的屋頂及內部裝潢都以檜木為主要建材。

在寸土寸金的臺北市區內，這棟建築幾乎見證臺灣鐵道從無到有的過程，其中的廳舍、中央露台、玄關走廊、電源室、戰時指揮中心、食堂與八角樓廁所等建物，都訴說著從清代以降到日治時期所留下的歷史記憶，還有機器局所留存下來的珍貴遺跡，目前被列為國定古蹟保護，二〇〇九年由臺博館代管此地建物。

輕旅主題半日遊

懷古思情風 探索老建物之美

行程建議

- 北門
- 郵政博物館臺北北門分館（親子互動館）
- 三井倉庫
- 鐵道部
- 臺北撫臺街洋樓

北門

坐落於臺北市忠孝西路、延平南路與博愛路交叉口的北門（承恩門），建城起源於 1884 年。在外觀上由於北門高架橋（忠孝橋引道）的啟用，使得北門被遮蔽，而臺北市政府於 2016 年拍板拆除北門高架橋，讓這座臺北府城的正門重現風采，也成為國內外遊客必訪景點之一。

郵政博物館臺北北門分館（親子互動館）

遊賞完北門後，不妨到郵政博物館臺北北門分館一遊，能更認識郵局的歷史發展。館內也設有仿「歪腰郵筒」的樂高積木，相當引人注目；精品展示區及角落藝廊常會順應節慶展出與郵政相關的紀念品，親子益智區則設置了郵政畫冊或書籍提供親子閱讀。離開前，別忘了將已蓋戳的郵票帶回家當紀念。

三井倉庫

接著漫步至三井倉庫，其由三井物產株式會社興建於日治時期，經歷遷移與修復，於 2018 年 11 月 1 日正式對外開放，讓這幢歷史建物能重現風華。倉庫一樓有以虛擬實境科技為主的展示，另外也陳列出多件史料文物，引領大家重返創建倉庫的歷史時空。

鐵道部

喜愛鐵道文化與老建築的人不可錯過，臺灣總督府交通局鐵道部成立於 1899 年，為現今臺灣鐵路管理局的前身。目前已於 2017 年完成第一期古蹟建築修復工程，後續仍有室內裝修、景觀設計等施作中，預計 2020 年與遊客相見。

臺北撫臺街洋樓

最後來到撫臺街洋樓，1997 年被指定為市定古蹟，在 2009 年時，由文化局委託民間單位經營管理。館內時常舉辦藝文特展與活動，可透過參與活動近距離接觸這棟充滿韻味與文化的老建築。

臺北迪化街郵局

一起進入大稻埕的繁華時空

高掛木製雕刻招牌的老郵局，一如灰泥色外牆的樸實，陪著大稻埕走過興衰起落，歷經拓荒與建設的悠悠歲月。

早期的大稻埕曾經是人煙稀少的稻作村落，因有著一大片平坦廣闊的空地，供秋收曬穀之用，大稻埕——大的曬稻米場的命名也由此而生。

臨於淡水河承接起河運之便，在劉銘傳巡撫的建設計畫中，大稻埕曾經

商業鼎盛、繁華一時，有著臺灣首善商業區的絕代風華。

一八八五年臺灣建省時，第一任巡撫劉銘傳就將大稻埕規劃為主要商業區，在今日的貴德街沿街興建西洋式二層連棟洋樓，而臺灣第一座火車站「大稻埕火車票房」也是落址於此，可北上行到基隆，南下至新竹。當時，郵政和電信支局、警察分署、稅務檢查所、地方法院等公共建築物大都集中於大稻埕這個經濟中心。

郵局牆上掛著早期郵便局的立面建築結構示意圖

一九一五年，臺北南街郵便局正式成立，就是迪化街郵局的前身。所謂南街，是指現在的霞海城隍廟到民生西路的迪化街，日治時期的迪化街又稱為「永樂町」，所以南街郵便局曾一度更名為永樂町郵便局，歷經幾度修建後，最後以迪化街郵局現身。

繁盛的商業區，孕育臺灣新文化

以北門為劃分點，日治時期的大稻埕公共建設受到當局輕忽，都市建設重點多以「城內」為主，屬於日本人盤據之處，而出了大稻埕是北門的「城外」，反而更像臺灣人的社區，有著濃濃的大漢民族色彩，與城內迥然相異。

或許正因如此，大稻埕孕育了臺灣新文化運動，許多近代美術、音樂、文學、新劇、歌謠等，多以大稻埕為活動中心，同時間，各種推動抗日的運動團體，也多以此為集會據點。

其中廣為人知的，就是從事抗日運動的蔣渭水，他在日治時期行醫的「大安醫院」院址，就是今日「義美食品」本店的招牌之處。而迪化街郵局置身在這樣廣結天下英雄豪傑的匯聚之處，據稱有些抗日鬥士如蔣渭水，就經常到此地發送電報傳遞訊息。

今日的迪化街郵局，便民服務不變

昔日的名人軼事風光不再，但迪化街郵局依舊在此守護著居民的日常，也迎接來自各地的遊客，透過歷史、透過建築，回味過去風華時代。

步入迪化街的主要街道，連棟式店鋪呈長條狀延伸，許多為東西座向、後方有縱深長廊的店鋪左右相望。舉凡單層樓的閩南式建築、二層樓房的洋樓、仿巴洛克建築、現代主義式等風格，在此地都能一併飽覽、觀看。

而矗立其間的迪化街郵局，前方地上的石板記載著成立日期，除了正門口的木製雕刻招牌外，早期木造建築結構幾乎都已拆除，因是近百年歷史的建築物，長年歷經風吹日曬，外牆早已斑駁老舊，幾經修繕後，如今建築立面外觀仍然保留左右兩條接雨水的落水管，對比其他建物風格更是別具特色。另外為了與老街的復古意象結合，特別使用木製招牌，以及保留了木頭拉門，讓來郵局辦事的民眾可以感受到大稻埕百年來熙來攘往的風華。

在迪化街郵局服務四十餘年的石漢章分享，往來居民都相當友善親切，一見到他就會熱情地喊他的名字，彼此寒暄、關心近況。由此不難想見從過去到現今郵務人員在一般民眾生活中扮演的角色。舉凡郵件、貨品寄送、儲金、保險等都需要郵務人員協助處理。石漢章說：「以前加班到晚上時，會有鄰居帶來自己包的餃子、削好的水果跟大家分享，郵局工作人員跟在地居民的關係就像朋友一般。」

而能累積這份情感，也多虧郵務人員的用心，不僅能做好一般服務，必要時還能做出重要判斷，例如：石漢章就親身處理過一件詐騙案例。

有一次，一位年邁的婦人神色緊張地到櫃檯說要解除定存，當他進一步關心解約原因時，發現這是一般的詐騙手法，因為石漢章認識婦人的家人，所以趕緊打電話給她的子女，證實沒有解約需要，進而攔截一樁憾事的發生。

永樂市場「布市」商圈，成為北臺灣紡織重地

離開迪化街郵局，對面的永樂市場，和步行不到三分鐘的霞海城隍廟，是大稻埕必訪的重要景點，市場可以吃小吃、挑選各式花布，城隍廟則是欣賞廟宇建築的最佳去處。

永樂市場，以布料批發零售聞名，素有布市之稱。在臺灣巡撫劉銘傳大舉修築道

永樂市場

大稻埕碼頭

路與公共設施後，大稻埕商圈商賈雲集、風華一代，特別當商船停泊靠岸時，各類商貨卸載，商人們點貨進艙，整個永樂町市街顯得熱鬧非凡。

為了提供往來商人的飲食需求，日本人在大稻埕碼頭附近成立了「公設永樂町食料品小賣市場」，販售各樣小吃形成市集。今日圍繞在永樂市場旁的各樣旗魚米粉、米苔目等飯麵攤，許多都是有歷史的老字號。

而當年從世界各地來到大稻埕碼頭的船舶，也帶來許多民生必需品和棉、麻、綢、緞等布料。由於臺灣不產棉花與蠶絲，因此大稻埕碼頭附近便逐漸形成布市，聚集上百家布匹批發店，形成獨特的「布市」商圈。

一九四九年起，政府鼓勵紡織業發展，大稻埕不僅成為全臺灣最大的布料批發零售中心，紡織產品與成衣業更因此榮登臺灣主要出口貨品之首位。當時的大稻埕布市範圍並不侷限於永樂市場，更向外延伸到迪化街、西寧北路、塔城街、南京西路和貴德街一帶。

在地人的精神信仰：霞海城隍廟

至於霞海城隍廟的歷史，則得從廟裡的城隍神像說起。

一八二一年，泉州同安人陳金絨帶著故鄉的城隍神像守護神，與百餘名族人一同

霞海城隍廟

搭船遷移到艋舺，將神像供奉在八甲庄的自宅內，方便族人祭祀。

不料，一八五三年艋舺發生嚴重的泉漳械鬥，落敗逃亡的同安人，帶著城隍神像躲避至大稻埕，並在一八五九年於當年南街，也就是今日的霞海城隍廟位置設廟，主祀的城隍神像因來自於霞城的臨海門廟，故依此命名。

霞海城隍廟的主殿，供奉著主神霞海城隍神像，偏殿則為主祀城隍夫人。同時，廟內還旁祀許多行業守護神，像是配殿祭祀當年在械鬥中不幸喪生的「三十八義勇公」。相傳當年施琅曾經在霞城駐紮過，所以配殿裡也特別設立了一尊白瓷金身像供奉祂。

在城隍廟狹窄的廟地裡，容納了六百多尊神像，其神明密度之高堪稱全臺第一。但也因受限於空間，霞海城隍廟不像一般廟宇有明顯地區隔各殿。而殿內裝飾主要集中在樑柱、神龕和四壁，整體風格偏向古雅質樸，其中也不乏名家作品。

從廟的側面可以清楚看到兩個屋簷，前為雙龍搶珠，後為行龍護塔。屋頂採用硬山頂格式，側牆山牆取「火庫起」的形式，拜殿左右的墀頭上則是匠師王政雄的交趾陶作品。

廟宇格出龍邊、虎邊和中門，中門上的對聯題字為「霞彩臨門八蜡配天赫濯，海澄啟宇六龍隨地封遷」，是出自名匠師陳壽彝之手。廟內幾個大型壁畫作如「其壽無極」和「破膽除邪」也都是他的作品。

廟內樑上有精緻的彩繪和木雕灣栱，城隍夫人的神龕花罩樣式繁複且華麗，兩側門堵為匠師蔡龍進的彩繪作品。正殿內，幾對大型的交趾陶以對看形式呈現，前段有長條型的水車堵雕飾，後段則是龍虎對看堵。

此外，廟中還懸掛有不少歷史悠久的古匾，像是咸豐年間的「天眼時開」、同治年間的「其盛矣乎」等，一同見證大稻埕百年來風起雲湧的繁華盛世。如今看來，在淡水河因逐年淤積使艋舺失去原有的優勢後，大稻埕反而成為彼時臺北城最繁榮的新市區，也許真是受到城隍爺的庇佑也說不定。

大稻埕商旅雲集：茶葉、中藥、南北貨聚集

大稻埕是各國商旅雲集之地，早年大稻埕經濟發展相當興盛，除了布疋，更聚集茶葉、中藥、南北貨，直至今日，去大稻埕採買仍是年節時家家戶戶必備行程之一。

大稻埕的茶香風華，在一八六六年美國商人陶德引入茶苗、鼓勵種植之際，就已奠定基礎，當時享譽盛名的臺灣茶以烏龍茶為代表，在國際上行情頗高。

據文獻記載，那時候臺北茶行除城內六間，北門外一間之外，其餘兩百五十二間

大稻埕聚集各種中藥、南北貨店家

都集中於大稻埕，又以民生西路從重慶北路口延伸至延平北路口最為密集，而大稻埕因為曾是臺北茶葉加工製造中心，許多茶行設於貴德街，常見茶箱遍布亭仔腳、沿街可見揀茶女工的景象，十分特別。

至於中藥及南北貨的販售，主要是因為在艋舺泉漳械鬥中落敗的同安人，逃到大稻埕後，以經營艋舺的方式，在大稻埕販售南北雜貨等庶民用品。一八六〇年「北京條約」簽訂，洋行進駐，買賣品項開始更多元化，大稻埕也逐漸取代艋舺的商業功能，成為臺北市區最重要的市街。

當時以茶葉、稻米、樟腦、中藥、鴉片等買賣為主的「中街」與「中北街」，是洋行店鋪等商家聚集的重要地區。一八九一年，劉銘傳建設了全臺第一條經過大稻埕的鐵路後，更確定迪化街在臺北商業的樞紐地位。

藝文的饗宴：小藝埕、民藝埕、眾藝埕

一九二〇年代是臺灣文化興起的年代，大稻埕陸續出現巴洛克式、日式與閩式建築，這不僅代表商業日漸繁榮，同時也是因為外來文化進入而產生的變革，經過文化交融激盪後的大稻埕，也發展出全新特色，形成臺灣另類本土文化，其中，最具代表性的即是由小藝埕、民藝埕與眾藝埕，組合起來的「藝埕群」概念。

位於永樂市場正對面巷子裡的「小藝埕」，其名稱即取「大稻埕上賣小藝」之意，以振興一九二〇年代文化為核心精神。世代文化創業群負責人、同時也是曾為野百合學運代表人物的周奕成，與陶藝家蕭立應推出「台客藍」的陶藝品牌後，租下永樂市場對面的李氏家族百年建築，和臺北藝術大學創新育成中心的創業團隊共同創業，二〇一一年小藝埕於焉誕生。

小藝埕一樓主要擺放與一九二〇年代文化相關的書籍與原創產品，角落一隅的「北藝風概念店」，陳列「北藝風創新育成中心」所設計的文創商品，再搭配隔壁「印花樂」精美的布藝設計品，整體氛圍顯得十分溫馨。

繼小藝埕成功轉型後，二〇一二年迪化街霞海城隍廟旁，一棟百年三進式的街屋也以民藝精神為主題創立了「民藝埕」。一樓為亞洲陶、瓷、民藝品賣店和咖啡小酒館，

藝埕群是藝文匯聚所在

走進藝埕群的店家，感受濃濃的藝文氣息

二樓為茶屋，同時還引入了新型態書店，其獨特的風格成為許多年輕族群與海外觀光客喜愛的景點。

二〇一三年打造的「眾藝埕」為第三幢文化創業街屋，屬於仿古重建的兩連棟式洋樓。將原本分隔成兩棟的兩進式三層樓，打通兩座天井間的隔牆，創造出獨特的空間感。而街屋內的十二個營業空間則共同體現民眾工藝、本土在地、復古風華、當代設計、生活滋味、美學教育等六個文化面向。

事實上，「藝埕群」不只是一個展演或販售文創產品的空間，除了親民外，它們更想傳遞一種民眾可以來去自如的空間概念，在知識交流、文學對話、藝術萌芽下，讓這些空間產生真正的「公共」價值。

輕旅主題半日遊

古早市集風 品味在地的人文藝術

行程建議

- 小藝埕、民藝埕、眾藝埕
- 霞海城隍廟
- 永樂布業商場
- 李亭香餅店

小藝埕、民藝埕、眾藝埕

想了解大稻埕的歷史、工藝、設計文化等，可造訪小藝埕、民藝埕、眾藝埕。藝埕內規劃了各種面向的藝文展演、講座等活動，再現當年大稻埕人文、藝術薈萃的氛圍。亦設有咖啡館、茶屋供參訪者休憩，享受美好時光。

霞海城隍廟

「三月瘋媽祖，五月看城隍」，在此俗語中，不難想見每年農曆 5 月 13 日的「城隍遶境」盛況。位於迪化老街上的霞海城隍廟為國家三級古蹟，不但是大稻埕地區重要的民間信仰中心，更是臺北相當重要的廟宇之一，每逢節日朝聖香客絡繹不絕。

永樂布業商場

永樂市場其周圍曾有近百家布匹批發店，聚集為著名的布市。若說當年服裝流行、講究布料花樣由此而出，似乎一點也不為過。如今整修後的布業商場，一樓為傳統市場，販售魚肉蔬果、二樓至四樓則專賣布料，如此結合讓採買的民眾更為方便。

李亭香餅店

傳承四代的李亭香餅店，已是創立逾百年的老字號餅店。從第一代姓李的老闆來到大稻埕學做餅後即延續至今。李亭香餅的特色是以產於北部的白鳳豆做基底，每一代都有不同風味的代表作。

新北市平溪郵局
山城裡的黑金歲月

平溪郵局隨平溪地區黑金產業而建立，如今熱潮退去，卻依舊堅守服務崗位，成為居民們心中猶如便利商店般的存在。

平溪天燈受到國家地理雜誌推薦為「全球十大最佳冬季旅遊」，也同時曾被赫芬頓郵報（The Huffington Post）評選為「二〇一七年全球最佳節慶」，使得大家對平溪印象好像只剩天燈、老街，造訪平溪，只要在幾張照片、幾口小吃之間，就能夠畫下句點。

但其實，若再轉進街頭巷弄間看一看，落腳在某家下午茶室內好好喝上一杯茶，和當地店家、在地人多聊上幾句話，平溪將不再只是個新北市的觀光小鎮，你會發現，蘊藏在其中的一人一景一物，都散發著深厚的生活智慧。

車鐘

第 30 屆亞洲國際郵展郵票——歡喜遊臺灣，主題為平溪放天燈與小琉球花瓶石（圖片提供／中華郵政）

回味舊風貌，找尋全臺最古老郵筒

深入探訪平溪的第一站，就從平溪郵局的古老郵筒開始吧！這一座圓柱狀造型的郵筒，是全臺灣最古老的郵筒，隨著它的腳步揭開郵局歷史，彷彿也走進了平溪早期的黑金產業史。

一九二〇年代在平溪發現煤礦，並開始大量開採，改變了這塊原本以種植薯榔、大青、茶葉為主要經濟活動的地方，也吸引礦工、眷屬、經商人士等眾多淘黑金的外來人口聚集。

在通訊尚未發達的當時，書信往來就是聯繫家鄉親人的唯一管道，平溪郵局因應在地需求，於日治時期昭和十六年（一九四一年）建立。當時設立的郵局稱作「平溪三等郵便局」，空間由郵務、電信雙局共同使用，建築物本體使用杉木、日式琉璃瓦等建材打造。

由於木造建築易損壞，而後平溪郵局便拆除部分木造建材，改以水泥鋼骨建成如今樣貌，只留下外牆木紋飾板，依稀可想像當年整棟木造建築的風采。同時期，煤礦業逐漸蕭條，人口開始外移，平溪的煤礦產業至此也逐漸沒落。

如今，吸引在地居民及遊客走進郵局的原因，不再是投遞家書，而是和全臺灣最

仍在使用中的古老郵筒

古老的郵筒合照。這座老郵筒和平溪郵局同時間興建設立，圓柱狀造型外觀、鑄鐵材質相當特別，是那個年代郵筒的主要特色，後來因為圓柱形郵筒體積龐大，信件總是沒有到達半滿狀態，且鑄鐵材質製作成本高，郵差從郵筒取信不易等因素，郵政總局才逐步汰換成現在民眾看到的方型郵筒。

所幸，平溪郵局距離熱鬧街道較遠，還得爬一段樓梯才能從主要道路抵達，因而平溪郵筒躲過被拆除的命運，幸運地保留下舊有風貌，反而成為現在超夯的打卡景點。

貼心服務，郵局就像便利商店

伴隨在地產業而興建的平溪郵局，在煤礦業蕭條之後，以在地好鄰居之姿，持續在平溪服務，郵局鄭敦俊經理受訪時就笑著說：「其實平溪郵局很像便利商店呢！」

鄭經理進一步分享，郵局是在地化的單位，不僅需要因應在地需求衍生相關服務，營業項目也十分繁雜，除了郵務，還身兼銀行、保險公司、詐騙防治中心、商店，甚至是社區聯誼中心、旅遊詢問處等角色。

而平溪郵局擁有的「最老」紀錄，不只郵筒，新北市平溪區也是全臺灣「最老」鄉鎮區之一，六十五歲以上老年人口占比高達百分之三十二，因此平溪郵局主要服務客群為銀髮族，在目前編制人員只有兩名的狀況下，員工平時需要花更多時間和耐心陪伴老人家處理郵務，長輩們不識字，就幫忙讀信，看不懂單據，就協助填寫，他們不會操作機器，就一步一步教他們如何刷存摺。

因應老人家有不同需求，服務每位顧客的時間相對拉長，而排隊的老人家也願意耐心等候。有空的話，就陪他們閒話家常，提醒天冷多穿件衣服，時時設身處地為老年人著想，提供貼心服務。

昔日外銷好貨的平溪煤礦，今成觀光資產

開採煤礦，使得平溪從默默無名的偏僻山城，搖身一變成為擁有「煤鄉」美譽的發財地，從第一任庄長潘炳燭發現含量豐富的石底煤田開始，平溪的命運就注定要與

郵差總是使命必達、用心服務（攝影／廖志豪）

煤礦相依存。

全臺主要礦脈分布於基隆、臺北一帶，其中品質最高的石底層煤礦，就位於平溪地區，「臺灣煤」之稱號也由此而生。但在日治時期之前，因為技術、運輸、政治問題，而無法大量開採，儘管煤炭為當時世界各國航運主要燃料，仍舊沒有為臺灣帶來太大經濟效益。

直至顏雲年先生所創立的臺陽礦業株式會社，與日本企業合資接手經營，導入新式機械採煤法，並投入鉅資建設平溪線鐵路，前後共開採出一億八千萬噸煤礦，鼎盛時期全鄉有八成居民皆從事礦業相關工作。但隨著降低煤炭汙染政策開展，以及大量低價煤炭輸入等因素，使得平溪礦業逐漸式微，一九九七年底，所有礦場便被歷史封存。

這段歲月為平溪帶來五十年的繁榮經濟，

平溪天燈節已經是每年重要節慶之一

留下一座座礦業建築遺跡和一篇篇礦工故事，供後人追溯。過往運輸煤礦的鐵道，現在成為遊客造訪各景點的交通工具，礦坑、選洗煤場則是熱門打卡景點，擁有日式建築的礦業公司員工宿舍，也成了平溪代表美景，如今許多礦業遺跡是平溪發展觀光產業的重要基礎，創造除了天燈以外的訪古亮點。

一條火車三種享受，天上飛、逛大街、倒退嚕

要說到創造平溪煤礦奇蹟的重要功臣首推平溪火車線。當初發現礦脈的潘庄長因缺乏人力、資金開採，遂無償讓渡礦脈給臺陽礦業株式會社，為了將煤礦從山城運輸出去，耗費三年，興建一條從三貂嶺到菁桐間十二・九公里長的單線鐵路，成為現今臺鐵平溪、集集、內

平溪小火車是臺灣鐵路支線中歷史最悠久的一條（圖片提供 / Shutterstock）

灣三條支線中歷史最為悠久的一條。

有句臺語俗諺道：「平溪的火車天上飛，十分的火車逛大街，菁桐的火車倒退嚕。」平溪支線沿著彎曲險峻的基隆河谷興建，為適應曲折的路線，車廂長度較一般車廂短，讓行駛更靈活，各個車站因應地形呈現獨特的鐵道風景。因此平溪往菁桐方向的路段是由鐵橋所支撐，在橋下街道往上看，火車從頭頂上呼嘯而過，因而得「天上飛」之名。

而十分車站鐵軌兩側商家林立，當火車開進十分車站時，距離人行道僅只一步之遙，所以稱作「逛大街」。單向鐵路的特性就是開到末站，需要沿原途返回，這折返的行車方式就成了終點站菁桐「倒退嚕」的有趣景象。另外，通常呈現直線型的火車月台，在嶺腳車站被彎成曲線半月型，也是看點之一。

重現礦工採礦情景——新平溪煤礦博物館

胼手胝足的挖礦歲月，累積出許多無形、有形資產，即使產業沒落，仍陸續被保存下來。例如新平溪煤礦博物館，修復了早期的電氣化台車和舊有坑道，並蒐集相關文物、器具、史料，彙集整理為豐富的靜、動態展覽，讓後人得以窺見過往礦工生活樣貌。

在博物館園區的礦業展覽室中，除了有介紹臺灣煤礦歷史、平溪地區介紹等固定

「獨眼小僧」小火車

展區之外，也與田川市石炭歷史博物館、中國煤炭博物館等國外煤礦場館締結友好館協定，定期展出各式交流展。

園區中的礦坑遺跡則提供參觀者實境體驗與想像，如全臺灣還有採礦權的新平溪煤礦坑坑口，目前因為安全考量，遊客無法親身進入真正的礦坑，但旁邊設置有模擬坑道，讓大家體驗礦工在均溫四十度以上、又悶又潮濕的礦坑工作的狀態，礦工大部分只能在約一百公分高的礦坑裡彎腰工作，甚至鑽入僅容一人爬行穿越的通道，不僅辛苦又危險。

此外，園區中最有價值的要屬全臺唯一完整保留並尚能運行的國寶級運煤車「獨眼小僧」，從陳舊外觀看來，這輛小火車頭已有八十年的歷史，由當時傳承挖礦相關技術的日本所製造，目前日方不但停止生產，也沒有保留此型號火車，所以每年日本相關研究學者還會專程來臺灣欣賞火車英姿。

但隨著零件停產，修復師傅逐漸老去，獨眼小僧從原本的八台剩下兩台，待沒有任何零件可更換，恐怕就是壽命將近之時，想要乘坐獨眼小僧列車可要把握時間。

古早味飄香，品嚐在地礦工便當

想體驗礦工生活，也可以嚐嚐礦工過往中午在坑內吃的礦工便當。從平溪出發至菁桐老街上的「紅寶礦工食堂」，餐食模擬當時礦工便當菜色以及提供各式古早點心，滿足大家對於礦工食物的想像。

還沒走進店家，就可以從門外放置的古老賣麵茶用的熱水壺，感受到濃濃的復古風情，底粗口細的梯形水壺，一旦熱水燒開熱氣往上衝，氣孔就會發出笛音，告知附近鄉親聚集購買麵茶。老闆說明，目前店面整排建築物以前就是礦工福利社，增添更多歷史場景想像。

再往內走，舊時電影海報就貼在紅磚牆上，和舊物質感的桌椅相互呼應，展示櫃上陳列著舊酒瓶、郵政寶寶公仔等古物，還有很多裝飾物件都是老闆親自撿拾而來，價值獨一無二，若桌椅損壞或想要換上新風格，就得親手運用廢棄或二手材料改造，既環保又能愛惜資源。

餐點製作上也很用心，看似調味簡單的菜色：滷排骨、油豆腐、滷蛋、筍絲、海帶結、醃蘿蔔、燙青菜，卻都需要經過一至二天的製作功夫才得以呈上，以鐵盒、鐵筷和藍染包巾盛裝美食，更顯在地的踏實感。

隨著在地美食一路回溯到數十年前的平溪時光，也是一種舌尖上的穿越時光旅行。

坐於日式建築裡，品一壺好茶與人情

臺陽礦業株式會社為平溪帶來風光的礦業歲月，也帶來了白石村整片的日式木造建築，從高處眺望現在的白石村，依稀可見過往人家比鄰而居的社區樣貌，但現在多數宿舍都因人去樓空而牆垣傾頹，更顯精心維護的現存建築之難得，擁有八十歲高齡的「皇宮茶坊」就是其中一例。

約二十年前，老闆林素蘭一家兄弟姊妹因為喜愛日式建築的優美古麗，買下這棟前身為臺陽礦長宿舍的日式建築。當初購入時屋況不佳，除了建材老舊，屋頂還會漏水。為盡力維持房屋原本的樣貌，林素蘭將房屋修繕時所拆下原有建材，加以修補再拼裝回原位，而非直接使用新建材修復，花費不少時間和費用，才逐漸將房屋修整恢復到現今的舒適模樣。

自從修繕完入住後，實在有太多路過訪客要求入內參觀，林大姐遂開放自家，改為皇宮茶坊經營，以好茶、簡餐來招待有緣訪客。

幸福
每一天

皇宮茶坊

六扇門顏家茶館

說到好茶，不得不提「平溪茶」。一聽平溪茶，多數人大多會在心裡打個問號：平溪有產茶？在平溪開設「六扇門顏家茶館」的顏家駿先生會肯定地說：「有！而且全世界只有我在賣平溪茶。」

在黑金尚未發掘、天燈未成風潮時，身為坪林鄰居的平溪，因氣候地理環境條件適合，種植茶葉成為常態，當時平溪茶農經常翻山越嶺，將茶葉運送到交通較為方便的坪林販售。隨著經濟主力轉向，平溪茶農棄田從礦、從商，以致於現在全臺僅存兩人在種平溪茶。

顏老闆夫婦愛茶，妻子更學習製茶，還曾獲新北好茶頭等獎。平溪茶種為青心烏龍，因氣候水土之故，葉子較小，種植方式較為野性，造就平溪茶喝來有股清新花香味的特色，特別受到女性喜愛。

在茶館內也展示博物館等級的古早碗和生活器物，以及顏老闆父親年輕時所拍攝的舊照片，忠實地記錄下半百年前的平溪生活樣貌。

看影片遊台灣
平溪美好篇

輕旅主題一日遊

復刻回憶風 感受礦業的輝煌歲月

行程建議

- 新平溪煤礦博物館
- 六扇門顏家茶館
- 菁桐車站
- 紅寶礦工食堂
- 皇宮茶坊

新平溪煤礦博物館

來到平溪，第一站建議循著礦工的生活腳步，探索一日礦坑工作。在新平溪煤礦博物館，可以模擬礦工早上6點到下午2點的工作實況，檢哨站、礦坑坑口、礦工澡堂，再坐上「獨眼小僧」拉的煤礦車一路前行，欣賞園區靜態展覽，收穫更豐富。

六扇門顏家茶館

走累了就到六扇門顏家茶館坐坐，喝茶聊天，景觀露台配上全臺碩果僅存的平溪茶，把玩老闆收藏的古早碗盤器具，邊看老照片、邊聽數十年前的平溪故事。

紅寶礦工食堂

來到平溪、菁桐必嘗試的道地美食，推薦紅寶礦工食堂的礦工便當，再點一份古早味麵茶或黑糖太白粉凍作點心，吃飽喝足之餘，還可以欣賞店內有趣收藏。

皇宮茶坊

在碩果僅存的日式建築中，皇宮茶坊常被日本旅人稱讚屋況保存極好，其提供的精緻中式餐食，則來自老闆娘在山裡採摘的有機蔬果，吃飽之後，啜飲著高品質茶飲和自製茶點，輕鬆自在地或坐或臥，享受一方空間的閒情逸致。

菁桐車站

菁桐車站過去曾是平溪支線運煤量最大的火車站，現今則成為欣賞平溪日式木造建築的熱門景點，呈現近似日式民宅的造型，以右側較低的屋頂逐漸延伸到正面而形成的入口簷廊，成為票閘口和等待火車到來的空間。

郵政代辦所
藏於巷弄間，人情之所在

轉角這間不太起眼的雜貨店，招牌上掛著「郵政代辦所」字樣，旁邊還有郵筒，是居民們投遞情感、人情交流的所在。

細心的你可能會發現，在地理位置偏遠且人口稀少的山區部落、偏鄉小鎮、離島等地，有時會看到規模小巧、結合雜貨店或文具行的郵政代辦所，這是為了方便提供在地居民日常的郵寄服務，特別開放商家申請為郵政代辦所，目前全臺灣的代辦所近六百多間委辦單位。

例如，南沙、東沙這類具有軍事地位的偏遠離島，設置代辦所是為了提供駐島官兵郵寄服務，更有主權宣示的象徵意味。

某些風景區則為了推廣旅遊而申請代辦所，方便遊客投寄明信片，甚至還會開發在地特色郵戳。至於零星分布於人口密集的都會區，因居民多、郵務需求高，商家亦會申請為代辦所，有些甚至歷史久遠，陪伴著居民們看盡人情更迭、世事變遷。

郵政代辦所
POSTAL AGENCY
・代售郵票、明信片、信封、便利箱袋
・收寄國內包裹(以外箱尺寸計費)
問路店
English
Tainan Information Center
其他地區
本地
OUTGOING
LOCAL
收信時間
COLLECTING TIME
七股區 郵遞區號 724

例如南投埔里的東益成商號，是全臺唯一以店名做為代辦所名稱的據點；臺中大里老街上的楊勝昌商店，則成立超過百年，也同樣兼營代辦所業務。

彈性貼心的服務時間，居民揪感心

相較於郵局固定營業時間，代辦所的服務時段更為彈性，也讓急著想辦理郵務卻錯過時間的居民感到「揪感心A」。

例如：苗栗有一間兼營代辦所的老雜貨鋪，曾遇過居民深夜敲門請託協助辦理緊急郵件，老鋪本著服務在地村民的心意，仍從睡夢中起身，開店予以協助。另外，許多偏鄉地區的代辦所，即使一天只有十幾位顧客上門，卻也堅持每日準時營業，讓行動不便的長者省去奔波辦事的辛勞，而這些長年深耕陪伴與服務在地的商家，使得人們對於代辦所的印象，總是與人情味畫上等號。

近年來，在便利超商林立的夾擊下，有些經營數十年，甚至傳承好幾世代的傳統雜貨鋪難以生存，連帶著代辦所也隨著老店一同熄燈，少數堅持下來的特色老鋪與代辦所反而更顯珍貴，成為民眾們蒐集郵戳的熱點。

因此，下回在鄉鎮間旅行，若發現一間純樸小巧的雜貨店、文具行或書局，門口掛著一塊「郵政代辦所」綠底白字的小招牌，不妨就停下腳步，走進去看看吧！

南沙郵政代辦所
遙遠小島傳送情

中華郵政在東沙環礁與南沙太平島上設有郵政代辦所，早期是駐島官兵與家人最主要的聯繫管道。通常代辦所收集完信件或包裹後，會交由往來高雄港與南沙太平島間的運補貨輪，歷經4到5天的航程，才能寄回臺灣本島。

時至今日，通訊管道暢通，南沙太平島便成為集郵迷收藏中的一塊重要拼圖，常有郵迷會將首日封、明信片等特色郵簡寄至南沙代辦所，待郵務人員回寄，藉此蒐集各種票品及郵戳。而中華郵政更於2015年啟用新鐫刻的「南沙太平島風景戳」，更受到集郵人士的喜愛。

黑面琵鷺郵政代辦所
候鳥送信到你家

來到臺南七股，空氣中瀰漫著海風鹹鹹的味道，映入眼簾的是一片廣大的魚塭與廢鹽灘地，由「黑面琵鷺保育協會」負責營運的黑面琵鷺郵政代辦所就隱藏在頂山國小舊校舍之中。

保育協會曾惠珠小姐表示，現代人多用數位方式傳遞訊息，協會希望推廣手寫信的溫度，因此設計黑面琵鷺的特色郵戳，讓參訪遊客能夠在此停留，寫下明信片寄給親朋好友，不但能讓更多人了解黑面琵鷺，也添增了一份人情溫暖。

黑面琵鷺代辦所的業務除寄送一般郵件、掛號之外，還曾舉辦學校圍牆彩繪活動，使周遭居民知道黑面琵鷺保育協會與代辦所的位置，鼓勵附近居民善用代辦所。值得一提的是，每當郵票發行當日，有很多民眾都會特別來到此地，在「首日封」蓋上黑面琵鷺郵戳，以增添藝術趣味和紀念價值。

臺中梨山郵局

駐地守護梨山的古色風華

中國式宮殿建築的梨山郵局，
比鄰宏偉華麗的梨山賓館，肩負居民的日常生活，
也伴隨著梨山從天災後穩健復甦的腳步，往下一個時代邁進。

梨山這片以溫帶水果聞名、倚靠中橫公路為運輸命脈的高地，經歷原住民、客家、閩南、榮民等不同族群在此地開墾的歲月，卻在九二一大地震重創中橫公路後，幾乎與世隔絕。唯有梨山郵局佇立在此超過五十年的時光，陪伴著這片山林裡的居民們，無論遭遇何種景況，牽繫著梨山人與世界各地的情感。

梨山郵局服務偏鄉，郵務服務獨具一格

循著臺8線臨37便道蜿蜒又狹窄的山路，行經礫石溪谷、層層隧道，穿越山嵐繚繞，一路乘車三至四小時，深入屬於雪山山脈、海拔一千九百五十六公尺的梨山上，

這是每件由臺中谷關上梨山的書信和包裹所必經之路，而目的地就是全臺海拔第二高的梨山郵局，梨山郵局因位處偏鄉地區，有著自成一格的郵務特性。

梨山郵局興建之初，是為了配合一九五九年開始興建的梨山賓館中國宮殿式造型，遂於外觀上賦予傳統建築古色古香的巧思。鱗狀排列的琉璃屋瓦、樑柱上的精細龍鳳紋樣、木條交錯的格狀花紋門扇窗櫺，掛上一個個大紅燈籠，還有「郵局」招牌匾額，以及豎立於門前的大清郵政特色郵筒，連欄杆扶手都充滿古典氣息。

之後，在梨山郵局左右兩旁陸續興建的和平區農會信用部、中華電信梨山服務中心，也都延續著宮殿式風格，排列成一道秀麗古牆。

由於梨山郵局服務範圍有一半以上都是「不按址投遞區」（係指深山、孤島，或交通不便，投遞顯有困難之地區。如羊腸小道在兩公里以上，非郵路所必經之地區，以及僻遠地區住戶或村落，平均一個月郵件不足四十件者。），郵差無法一一將郵件送達收信人居住地，因此以巷口雜貨店、教會等公眾熟知的場所做為郵件集散地，設置公用受信箱，郵差由此收送郵件。

如此特別的郵件投遞方式，竟意外可靠，地區居民大多認識彼此，看到隔壁鄰居的信件隨手帶回去投遞，郵件也從沒被拿錯或遺失。取寄信一週幾次相會，再隨口兩句問候語，關心家裡近況，可見鄰里之間好感情。

生活用品什麼都可以送，什麼都不奇怪

近年來寫信人口驟減，網購風行，加上梨山地區的生活用品採買不易，梨山郵局業務從過往以郵件為主到近年以包裹為大宗，內容多為日常用品，小至零食、衣物，大至形狀奇特或體積過大到無法裝進郵務袋中的「外走郵件」，如嬰兒澡盆、掃把、衛生紙、行李箱等，各式各樣，應有盡有。

數量多時，每日至少需要二十個郵務袋才得以全數裝送完畢，與其他偏鄉地區如海拔一千一百四十八公尺、每日只有一至二袋郵件的南投霧社郵局比較，梨山郵局的業務量算是相當多。

如詩如畫的梨山景致（攝影／邢正康）

除了居民的生活包裹，梨山以高山水果、蔬菜為經濟命脈，郵局的水果寄送量也較其他郵局多。同時因為梨山上並無其他金融機構，梨山郵局便擔任起梨山地區唯一的儲金、匯兌機構的重要角色，尤其每逢附近福壽山農場及武陵農場發放工資時，郵局就會非常忙碌。

身為梨山地區兩千居民唯一的金融機構和郵務處所，定期造訪郵局的訪客固定，彼此也相當熟稔，時不時可看見兩三人站在郵局內外談天，滿是人情味。

位處觀光區域，梨山郵局有時也身兼旅遊服務站，志工提供旅遊指引、飲水服務、梨山郵局景觀導覽，推薦紀念品和伴手禮，以及梨山特色風景明信片，期望讓來梨山遊玩的旅人可以感受當地美好的人事物。如此用心推廣在地人文的梨山郵局，成為無論是觀光客還是居民心目中，一處可靠、溫暖的存在。

莫忘中橫公路，造就臨近榮民農場

梨山郵局之所以有今日，不能不提到東西部橫貫公路（簡稱為中橫公路）的開通。早於中橫公路開發前，梨山家家戶戶必須輪流派男丁步行越過高山經谷關，走三天路程到東勢，以人力運送方式協助日常生活補給。

中日戰爭爆發後，為支援日本帝國軍需，陸續開通部分路段，但始終未及橫貫的目標。直到一九五六年配合政府政策，計劃打通北橫、中橫、南橫公路，當時蔣經國先生任退輔會主委，領隊探勘地形，動員一萬多名退役來臺的軍官，以最傳統的十字鎬與炸藥為工具，歷經三年九個月，一尺尺開鑿出東起太魯閣、西至東勢，臺灣第一條串聯東部與西部的公路系統，而梨山恰巧位於中介點。

中橫公路全線開通之後，政府為了安置開發中橫公路的退役軍官，因此設置武陵農場、福壽山農場（原名為梨山榮民農場）等大型農地，輔導他們留在山上種植溫帶果樹。從此，原本那片鬱鬱蔥蔥的山林，化為蘋果、水蜜桃、雪梨、甜柿等高山水果，以及福壽長春茶、武陵長青茶等高山茶的產地。

中橫公路的開通，為梨山帶來龐大農業經濟收益。當地泰雅族耆老張有文先生打趣地說，公路開通前都過著以物易物的生活，開通後才知道新臺幣長什麼樣子。

梨山賓館，宮殿式旅館地位無可取代

站在郵局向遠處望去，梨山之美難以三言兩語形容。雲霧簇擁著山巒峰峰相連，左起雪山，後環福壽山農場，右與合歡山相連，碧綠水色穿梭在群山之間，一片綠意盡收眼底。隨著中橫公路的興建工程，當時蔣中正總統乘坐直升機視察，一眼被眼前山景迷住，遂下令在此處設立行館，也就是現在的梨山賓館。

梨山賓館

這座梨山地區的第一棟旅館，耗費六年時間完成，由建築師楊卓成設計，他以鋼筋混凝土表現中國北方宮殿建築的手法最為特出，因此梨山賓館與臺北圓山飯店、中正紀念堂設計同出一脈，呈現恢弘大器的古典豪華風格。

賓館正前方是臺灣雕塑家楊英風所設計的石雕景觀雕塑五爪蟠龍噴泉，行館中的一簷一廊處處皆具巧思，例如：以梅花做為瓦當圖騰，取代傳統龍鳳獅等祥獸圖案，配以象徵帝王居所的紅牆黃琉璃瓦，建築物每根柱子有兩個卍字代表萬壽無疆，樑上雕繪五隻蝙蝠以示五福臨門。

可惜的是，自從九二一大地震肆虐及諸多風災、水災侵襲，中橫公路斷線使賓客漸少造訪梨山賓館，像是被打入冷宮的佳麗容顏般逐漸凋零，賓館進入長達十三年的沉睡期。直到二〇一二年重新開幕，內部重新整修恢復雍容華貴的氣勢，再次為梨山注入生氣，我們才得以再次體驗到曾經的那片美景。

梨山雙生態步道，貼近高山特有綠意

梨山賓館裡的花園種滿各式珍貴高山植物，如雪松、紅檜、金桂等，層層包圍著賓館，增添了隱蔽性，也讓自然綠意成為賓館的另一特色。

例如，入口離賓館最近的「梨山賓館生態環保步道」，可通往福壽山農場，徒步來回欣賞沿途風景，比起開車前往更能與大自然零距離接觸。步道以梨山賓館廢棄之屋瓦碎片為步道鋪底，兩側栽種許多臺灣特有樹種，如臺灣杉、紅檜、扁柏，臺灣馬蘭花、紅菽草、小椒草等形狀特異的花草也值得一看。

位於梨山賓館西側的「希利克步道」保存完整的紅檜森林，沿途可見臺灣胡桃以及青剛櫟，以及種類繁多的昆蟲、蝴蝶等生物，彷彿走進大自然中的森林教室，所及之處都是滿滿收穫。

回顧開拓歷史，梨山文物陳列館

想要完整了解梨山，就不能缺少泰雅族文化這塊拼圖，而梨山文物陳列館，則是了解梨山原住民歷史的最佳起點。

梨山文物陳列館一樓主要展出中橫開拓歷史及梨山地區自然生態，二樓則以泰雅族文化為主，展出泰雅族人傳統上所使用的器具、建築以及節慶習俗等，泰雅族黥面傳統、巧奪天工的編織手工藝等等。若欲跳脫遊客的角色深入梨山每個時代的獨特故事，值得到此一訪。

輕旅主題一日遊

花果生態風 恣意漫遊山林農場

行程建議

- 梨山賓館生態環保步道
- 福壽山農場
- 希利克步道
- 明秀觀光果園

梨山賓館生態環保步道

抵達梨山可直接踏上梨山賓館生態環保步道，全長900公尺，約60分鐘可走完全程，途中行經兩座纜索吊橋，可飽覽多采多姿的山林美景，一路享受芬多精環繞的體內環保運動。

攝影／洪慶榮

福壽山農場

來此可認識平時難以見得的高山昆蟲、植物，一飽眼福，且沿著梨山賓館生態環保步道走，不到一公里的路程就可以到達福壽山農場。農場內有天池、四季花海、楓紅及鴛鴦湖等，處處皆美景。

希利克步道

向希利克步道前行，欣賞臺灣紅檜等稀有樹種的美麗倩影。人說登高而小天下，登上攬勝樓，梨山地區盡收眼底，欣賞山稜峰峰相連到天邊的美景，現在難以造訪的德基水庫也都在腳底下，閃著天藍色湖水向人招著手。

明秀觀光果園

離開梨山打道回府前，別忘了買些梨山獨有的水果或是高山蔬菜，6月時可採白鳳桃，11月後就有蜜蘋果、雪梨、甜柿，與平地蔬果截然不同的口感與風味，待你吃下才會知道。如果不想直接購買，也可在明秀觀光果園內體驗採果樂趣，此外還設有喝茶品茗的木屋茶藝館、介紹製茶過程的製茶工廠，讓大家採完高山水果後能夠坐下來喝一杯好茶，享受梨山景致。

輕旅主題一日遊

古典文化風 穿梭時光返回六〇年代

行程建議

- 梨山街
- 梨山遊客中心
- 梨山賓館
- 梨山文物陳列館

梨山街

梨山人文風景可不輸自然風景，蔣公的梨山賓館故事、泰雅族的文化瑰寶、中橫公路的開拓史，身為臺灣人不可不知。接近中午時分抵達梨山，可到梨山街上找尋提供當地菜色的中式餐廳，大口品嚐梨山特有的高山蔬菜料理，蔬菜的清甜滋味，讓你回味無窮。

梨山遊客中心

來到梨山遊客中心，以概覽方式了解梨山地區的歷史文化，附近的景點資訊也一應俱全，多收集資料放在口袋，可待下次機會來造訪。除了提供旅遊資訊，遊客中心本身原為梨山賓館附屬的「清心閣」，古色古香的風格和梨山賓館如出一轍，也是造訪焦點之一。別忘了登上二樓瞭望台，可遠眺雪山群峰，欣賞優美的山景。

梨山賓館

從梨山遊客中心往上走，豎立在前方的古典建築物就是梨山賓館，抱著就算沒住過也要欣賞過的心情，讓導覽人員帶著穿梭在華麗古典建築之中，細細感受賓館半百年前的風采。彷彿身處民國六〇年代的奇妙時空，隨處可見蔣公最愛的大理石迴廊扶手和蔣夫人最愛的西式壁爐等各式內部設計，讓原本遙不可及的歷史人物，在走進他們的生活空間時變得親切。

梨山文物陳列館

最後再接回梨山地氣，參觀梨山文物陳列館以深入了解中橫開拓的艱辛歲月、泰雅族人的歷史文化，以及腳踏這塊美麗土地的地貌故事，讓你離開梨山之時，留在記憶中的將不只是梨山的美麗和美味，還有這塊土地的美好故事。

南投中興郵局

見證中興新村的美好歲月

中興郵局擁有全臺獨一無二的郵票花燈牆，以一面美麗風貌，吸引遊客、照看在地居民回家的路。

信步遊走在中興新村，讓人感覺彷若置身歐美鄉間小鎮，灑落肩頭的秋日暖陽，延伸至兩側寬敞人行道旁樹木交織出的無盡綠色隧道，隨處一個轉角，家家戶戶門外綠意盎然的植栽造景，靜靜等待著有緣人來欣賞。

中興郵局就坐落在這片寧謐閒適中，從一九五七年起陪伴著當地居民，經歷中華民國臺灣省政府搬遷至此的光輝榮華，到如今繁華落盡後的平實安然。

從省府遷徙到虛級化，中興郵局陪著度過

「眼看他起朱樓，眼看他宴賓客，眼看他樓塌了」用這句話來形容中興郵局與中興新村超過一甲子的糾葛，再適合不過了。

一九五七年，省政府自臺北遷移至南投，為處理公家機關眾多行政文件寄送，以及中興新村內上千戶居民匯票及郵務需求，便於政府建設廳設立一個角落做為郵局位址。隨著郵務量越來越大，郵局搬遷至中學路四號，名稱也從「中興新村郵局」改為「中興郵局」。

當時的中興新村位於省政府所在地，不隸屬於任何縣市管轄，連帶著中興郵局也頗具特色。例如：省府虛級化前，這裡擁有專屬郵遞區號，地域識別度高。其次，當時中興郵局郵務量大，為郵局五等級中員額、營業額、業務項目與營運款額數量營收最高的特等郵局，服務對象以省政府員工為主，為配合政府辦公需求，就連郵件遞送時間，也比其他郵局早，得在各單位上班之前優先將郵件送達。

可惜，這一切在省政府虛級化之後，郵局業務量驟減，歸為乙等郵局，至此，中興郵局正式卸下特殊光環，成為一座更貼近居民的地方型郵局。

卸下省府光環，建郵票燈牆親近大眾

沒了龐大的業務量，中興郵局也緩下了繁忙腳步，試著走入當地居民的日常生活，扮演起觀光使者、關懷地方社區的角色。

二〇一四年「台灣燈會」移師南投中興新村舉辦，中興郵局正好位處活動會場旁，於是配合主辦單位，設立一座以各式特色郵票為主的郵票燈牆，就在郵局外觀，這座擁有三百多枚獨特郵票的郵票花燈燈牆，不但吸引當地居民及各地觀光遊客的目光，也讓中興郵局成為全臺唯一設有郵票花燈的郵局。

而牆上郵票主題包羅萬象，除了年度生肖郵票、元宵節適逢西洋情人節的愛心郵票、QR code 郵票等時節性主題，還有故宮系列古畫郵票、郵票面額只有八分的懷古郵票、臺灣早期大型建設郵票，臺灣百岳、特有種生物、觀光地標、民俗童玩等特色主題，以及特色小吃如臭豆腐、肉圓等，全都成為夜間映照在整片亮光的豐富想像畫面。

郵票花燈燈牆不只吸引當時賞燈民眾，也帶來不少觀光效益，現在許多遊客到中興新村，必指定前往郵票燈牆打卡。對於當地居民而言，夜間發光的燈牆美化了街景，也照亮了附近的道路，指引晚歸行人，增加居民的安全感。

仿造歐美都市，先進低碳宜居社區

中興新村因為身為省政府所在地，發展出一種特殊的社區型態，曾被形容為「南投最高級的住宅區」，安居樂業的理想居住烏托邦彷若在此重現。

從整體都市設計來看，中興新村參考英國霍華德（Ebenezer Howard）的「田園都市」（Garden City）概念，以及美國城市規劃師史坦恩（Clarence Stein）與萊特（Henry

Wright）二位規劃師的「雷特朋計畫」（Raeburn, New Jersey），以大型街廓（Super Block）取代傳統城市設計的棋盤式小街廓，並依交通主副幹道區分出分離式的街道系統，疏解車流與人流，聯繫住戶與出入道路的圓圈狀囊底路（cul-de-sac）設計，顧及了住戶車輛出入安全及便於鄰里聯繫感情，全臺少見。

而中興新村建築腹地廣大，得以容許建築物以低密度設置開發，並擁有大片綠地及樹木造景，一個轉彎就是一整條綠色隧道，隨著四季變換出各色風情，落實低碳社區的先進概念。

中興新村的建築物特色兼具實用與美觀，至今尚能看到許多臺灣戰後第一代受現代建築教育的大師作品。

例如：臺灣第一位具英國劍橋大學建築系學士與美國哈佛大學建築碩士完整建築設計背景的王大閎所設計的二樓連棟式宿舍，設計圓山大飯店和中正紀念堂的楊卓成所設計的中興會堂，以及擁有「臺灣第一女建築師」之譽的修澤蘭所設計的新生報辦公室，至今屹立於此，啟發建築後輩豐富設計想像。

此外，由於居民大多是省政府眷屬，為滿足其生活機能所需，學校、市場、醫院、圖書館、公園、電影院、游泳池、高爾夫球場等公共場域應有盡有。每天清潔隊還會清掃公園和路面兩次，每年全區直升機消毒，走在路上要找到垃圾和老鼠都很難。

中興會堂

許多鄰近縣市居民聽聞此，紛紛慕名搬遷來此定居。一九八一年從彰化二水遷居至中興新村的王文堂先生，細數此處整潔舒適的大街小道與鄰里間的溫馨好感情，他說：「在社區內散步走動隨處都能遇到熟人，有時寒暄幾句，有時到鄰居家串門子，晚上相約去看電影，看完再一起去吃宵夜，都稀鬆平常。」直到現在，老鄰居即使搬遷到其他鄰里，相見時仍是彼此熱絡關心。

走進時光隧道，體驗臺灣先民智慧

中興新村的存在，保留下民國七〇年代的省府風華，從建築地貌至城市規劃，至今依稀可親眼見證過往盛景，而同樣位於中興新村內的國史館臺灣文獻館，則以文物館的形式保留下臺灣從平埔族時期至今的文化瑰寶。

一踏入臺灣歷史文化園區（國史館臺灣文獻館），眼前豎立著三棟建築風格特異的巨大場館，在入內參觀以前便以建築形式簡述臺灣四百年歷史。

右手邊是閩南式建築的文獻大樓，以紅瓦屋頂和「馬背」屋脊代表傳統閩南式建築，象徵著清朝時期大量移居臺灣的閩南族群當時的建築風格；正中央為具歐洲文藝復興時期特色的文物大樓，隱喻著歷經五十年的日治時期，以當時日本人至歐洲取經、之後在臺灣興建的巴洛克建築為特色；左手邊的中國北方宮殿式建築則是史蹟大樓，

國史館臺灣文獻館的文物大樓是探索臺灣歷史的好去處

展示光復後時期如中山樓、國父紀念館等雕梁畫棟、琉璃瓦台的建築特色。

文獻大樓館藏珍貴歷史檔案史料，專供專業研究人員使用，不開放遊客參觀。史蹟大樓和文物大樓則是一覽臺灣歷史的最佳寶庫。史蹟大樓依照編年整理出臺灣史前、荷西治臺、清領、日治、光復時期的歷史文化脈絡。至於文物大樓，則依照民族族群展示食衣住行育樂的文物，十分有趣。

穿越三十年，傳承麵點好滋味

自從省政府虛級化後，居民熱鬧活絡盛景今非昔比，少數能屹立在此數十年的店家，則像一部記錄過往的飲食文化史，留待後人追溯往日。一九八八年開幕、主打麵點小菜的梅園，就是陪伴中興新村居民度過幾十年歲月、未曾改變的好味道。

梅園第二代老闆高先生的父親，原為隨國民政府軍來臺、退伍後落腳於屏東的軍官，褪去軍袍時還是尚未娶妻的壯年郎，因此軍中三五好友遂祭出各自在大陸的家鄉手藝、合夥開餐廳，地址就選在省政府所在地、保有不少人脈的中興新村。

一群沒有家累負擔的年輕人，憑著憨膽從屏東搬來南投開店，軍中長官蔣緯國得知他們開店，還特題字「梅園」相送，至今仍懸掛在店中做為鎮店之寶。沒想到這一開就超過三十年，年輕人也在此地娶妻生子，落地生根。

梅園牛肉麵

經歷過世代更迭，梅園三十年的好味道至今不變，菜單上每道餐點依舊廣受歡迎。從牛肉餡餅、小米粥、蔥油餅、蒸餃、刀削麵，到各式醋溜馬鈴薯絲、炒花生、小魚乾等小菜，每一種都令人食指大動。

尤其是麵食類的餐點，製作過程全靠人力，因此廚師們必須提早四個小時上班，從麵粉和麵開始，完成揉麵、醒麵、塑形、桿皮等繁複工序，每一個步驟都省略不得，才能一層層累積出有嚼勁又香氣十足的味道。

曾經歷接班問題而出現歇業危機，現在的梅園餡餅粥由第二代高先生不負鄉親眾望接手經營，將好味道繼續傳承下去。若是造訪中興新村可別忘了品嚐這道地的一味。

暢遊歐式庭園，美景美食一起滿足

中興新村特色建築之外的街景，散發出一股歐美街廓的康莊舒適感，就連位於椰林大道旁的南歐餐廳「松濤園」，也無違和地成為其中一景。

一走進餐廳，開放式庭院瞬間帶領饕客進入另一方世外桃源，揉合英式花園高低錯落與觀賞者互動的花卉設置、南歐鄉村垂吊植物、東方小橋流水的綠漾一色，已經讓人忘記自己身處於臺灣南投小鎮中。

二十五年前，具有庭園景觀設計背景的老闆安宇民，看上中興新村的都市造景規劃以及空氣清新、大片綠地，便選在此興建兼具工作室和住家之用的房子。但喜愛走訪歐洲各國的他，慢慢地將旅遊所見的歐洲風情，藉由庭園設計和美食帶回臺灣，隨著歲月更迭，一年一年地親手改造成心中理想的樣貌，進而開放營業以庭園餐廳的形式與大家分享。

餐廳建築物本體興建之初，便以木頭樑柱和磚石牆面做為基礎，再加上西班牙巴賽隆納奎爾公園（Park Güell）所啟發的馬賽克磁磚拼貼裝飾造型煙囪和變色龍雕塑，餐廳門廊和內部裝飾也可以看到安宇民師法以不規則造型創作的西班牙建築師安東尼·高第（Antoni Gaudi）美感設計風格，將整座餐廳營造如童話奇幻般的氛圍。

令人驚豔的還有松濤園的餐點。從小就喜愛動手烹飪的安宇民，在各地品嚐到美食就想帶回臺灣與大家分享，如南歐餐點色彩豐富，常用鮮花入菜，義大利菜系多用香草提味，而松濤園得庭園種植香草之便，在人氣排餐中可見這些歐式餐點特色。

而西班牙小酒館輕食 Tapas 文化，則搖身成為自助餐區的畫龍點睛菜餚，顧及臺灣在地性，也有許多臺式或川菜料理點綴其中。不能錯過的是炭烤海鮮佐法國檸檬奶油醬、戰斧牛排等人氣排餐，使用在地高級食材搭配歐洲酸豆、醃漬橄欖、珍珠洋蔥、布列塔尼鹽之花等臺灣少見食材配料，襯托出每道主餐的多層次口感。

松濤園的庭園景觀融合各國風格

歐式料理口感豐富多變

輕旅主題半日遊

歐美時尚風 社區體驗漫步行

行程建議

- 綠色隧道
- 囊底路
- 松濤園
- 中興會堂 & 兒童公園

綠色隧道

整個中興新村喊得出名稱的綠色隧道就有三個，包括樟樹大道、菩提樹大道、白千層大道，但其實隨處逛逛，四處都有無名的人行道樹蔭，為行人遮陽避雨，人車分道的寬敞空間，光是走在街上都覺得愜意，綠色大道近來也是網美及婚紗照最夯景點。

囊底路

隨處彎進巷子，就可以發現臺灣其他地區罕見的囊底路隱藏其中，圓圈狀的道路盡頭取代了傳統直線到底的死巷設計，增加車輛進出的便利，也讓同居於一個囊底路的街坊鄰居，更有彼此相互寒暄關心的機會，由幾個家庭組合成的迷你社區，也增添了不少凝聚力。

松濤園

從景觀設計、磚瓦建築和融合各個南歐國家經典佳餚的松濤園，可以為旅人鋪陳一段午餐的清新時光。在此，只需要盡情享受周遭景物，無需顧慮時間遊走，因為生命不就該浪費在美好的事物上嗎？

中興會堂 & 兒童公園

最後，別忘記到擁有「小白宮」之稱的中興會堂留下到此一遊的回憶，白色三角尖頂式的建築曾為接待元首、外賓的會場，也曾為當地居民的休閒娛樂空間，現今連結了廣場前的一整排逾半百的老榕樹，往前走還有老少咸宜的兒童公園，無論是一個人或是一家人造訪此地都會覺得舒適自在。

輕旅主題一日遊

復古懷舊風 重返臺灣省政府風華

行程建議

- 中興新村牌樓
- 省政府大樓
- 梅園餡餅粥
- 臺灣歷史文化園區

中興新村牌樓

進入中興新村最醒目的標的要數頂上插滿中華民國國旗的中興新村牌樓，由此開始便進入了「國中國」省政府的領地。牌樓後方圓環連接四通八達道路，中央立有白色時鐘柱，指針剛好就停在九二一地震天搖地動時的凌晨一時四十七分。

省政府大樓

離開牌樓繼續往虎山山麓前行，馬上可見白色建築外觀上掛有「臺灣省政府」五個金色大字的大氣建築。雖然現在做為國發會辦公處，無法對外開放，但光是欣賞建築物外觀，站在建築物內的迴廊，就能想像到當初如此多人在其中四處走動、繁忙辦公的景象。

梅園餡餅粥

梅園餡餅粥中午開店到晚上，食客絡繹不絕，平日不到開店時間仍有老顧客在門口等候，假日有更多外來遊客捧場，人氣歷久不衰。餡餅、小米粥、蔥油餅、各式小菜絕對不要錯過。

臺灣歷史文化園區

一飽美食後，下午開啟臺灣深度歷史之旅，首先欣賞園區內三棟大型場館，分別代表了臺灣歷史上三個重要時期的特色建築，令人站立在廣場中央時，不禁感受到被歷史包圍的渺小。進入場館細覽展區內的資料與文物，聆聽解說員的熱情解說，你將會發現課本上沒教過的歷史活知識，並帶著全新視野，為旅程畫下句點。

嘉義阿里山郵局
寄一片森林裡的舒心愜意

阿里山郵局，全臺灣最高的郵局，三層樓高、黃瓦紅柱的中式宮廷建築外觀，在蓊鬱蒼翠的山林中，是一個特別的存在，每當天空雲霧飄渺，就有種仙氣逼人的氛圍，讓人不禁幻想：是否從這裡寄信，就能上達天聽呢？

從嘉義市出發，綠色的郵車噗噗往太陽升起的方向開去，沿著蜿蜒的臺18線，從海拔一千公尺、兩千公尺逐漸爬升，兩旁的林相從低矮的熱帶林，逐漸抽長成高聳的溫帶

林，郵車輕快地彎來彎去，一個多小時後，進入阿里山森林遊樂區，在一座三層樓高、黃瓦紅柱、森林中少見如此堂皇地類中國式宮廷建築前停了下來。

這裡是阿里山郵局，全臺灣最高的郵局，一樓高掛深褐色鑲著金邊的匾額上，寫著「阿里山郵局」。「很多人看到這個都想要進去拜拜呢！」阿里山火車的現役駕駛，同時也是中華民國鐵道文化協會的常務理事翁幸昭笑著說。

華麗變身——從木材、石頭到宮殿

外觀如宮殿般的阿里山郵局，已經歷經三代，從木造、石頭水泥到宮廷式建築，從功能性、實用性到輔助觀光功能，阿里山郵局的華麗變身，彷彿也訴說著一段阿里山產業轉變史。

阿里山開始有郵局，是從一九〇七年四月一日成立「阿里山郵便受取所」開始，但是隔年二月十九日就被撤銷，直到一九一一年，木造的小房子才又被掛上了「阿里山三等郵便局」的招牌。

第一代的木造郵局，在一次大火中毀於祝融。後來借用玉山林管處（嘉義林管處前身）的「勞工之家」做為郵件收發的地點，並開始蓋第二代郵局。

第二代郵局以堅固的石頭、水泥搭建，一九六七年二月完工，新建成的郵局更大、更寬敞，鄰近的沼平車站周邊也開始慢慢發達，森林中漸漸多出一間間的商店、旅館，大部分的信都集中在這一區。

一九七六年，鄰近沼平車站的住宅發生大火，延燒到商店街，原本生氣勃勃的車站，火災過後便宛如灰燼般消沉，倒是第四分道、現在名為「阿里山站」的區域漸漸熱鬧起來，林務局看準阿里山鐵道與森林獨樹一格的美麗，便開始將其規劃為森林遊

樂區，郵局也順勢向林務局租地，蓋一棟新郵局，仿漢式宮殿、四層樓高建築，一樓辦公，往上則可做為會館，提供郵局相關人員住宿。

據說，第一代郵局舊址在現今生態館附近，目前已經杳無痕跡；第二代郵局在警察局旁，現在是林務局的監工宿舍，從外觀能想像當時郵局的樣貌；第三代郵局建好後，也想搭著阿里山美景吸引遊客目光，於是近年重新裝潢，將天花板設計呈現出阿里山雲海面貌，讓前來「全臺灣最高的郵局」的遊客，宛如置身雲霧飄渺之中。

火車快飛——載著木材、人員，還有郵件

阿里山郵局的歷史與鐵路關係密切，回溯一九〇〇年代，日本人著迷於阿里山上豐富的林業資源，便規劃建設鐵路運送木材，也至此牽起了火車及郵局的不解之緣。

當時，日本人河合鈰太郎前來臺灣調查，「他帶著日本師傅找原住民來勘查，發現阿里山有這麼多扁柏與紅檜，要想辦法帶回日本。」翁幸昭娓娓道來。

「河合在一九〇二年上書日本國會，但日本當時經濟不好，便將建鐵路的事情擱下，後來又遇到日俄戰爭，直到一九〇六年才再向國會提議繼續建阿里山鐵路，並且找當時建造大阪車站的合名會社藤田組來做。」翁幸昭說。

一九〇八年，鐵路鋪設到竹崎段的時候，因為藤田組經營不善返回日本，一九〇九年才由官方機構「阿里山作業所」繼續經營，一九一二年（大正一年）十二月建到二萬平，一九一四年（大正三年）才到沼平車站。他拿起一張當時的照片，指著黑色蒸氣火車頭上圈了一個紅紅的圓，說：「上面的號碼從二十一號到三十二號都有，火車頭下面有個箱子，上面紅底白色的『郵』就是在裝信的。」

郵箱掛在車輪上，大約一個半的車輪長，一個車輪寬，比現在送信的綠色廂型車小上許多。從竹崎跑上阿里山，中途需要換車，「我們會在奮起湖換蒸汽火車頭，因

圖片提供 / 中華郵政

翁幸昭

為溝不夠深、水也不夠，司機也不一樣。郵局的人都會有一把共同的鑰匙，把裡面的『愛情限時批』換到往阿里山的郵箱裡。」講起幾十年前剛上班第一次換郵箱的經過，翁幸昭至今仍記憶猶新。

照片記錄了歷史，郵局外觀裝飾則留住回憶。

進入郵局之前，門口兩枚巨大郵票就像門神般守護著郵局，這是一九九二年發行的「森林火車」紀念郵票，面額五元郵票上面是來自美國的蒸汽火車，有三個汽缸，日治時代購入後，便一直行駛至今，後來換了柴油，卻仍保持著復古摩登的造型。

另一枚十五元郵票則是由日本引進的柴油機車，赭紅色的車身，車頭上左右兩邊圓圓的燈下畫著弧度優美的V字，很有日本式的美感。

雙腳萬能——公路開通前郵差比腳勤

一九〇七年阿里山郵局成立，一九一二年阿里山鐵路開始陸續完工，從歷史痕跡來看，第一間郵局的設置比火車更早，在未有火車的日子裡，郵件都是怎麼遞送的呢？

答案就是勤快的雙腳。

從嘉義市出發上阿里山，步行單趟就要七天，自從火車開通之後，郵件寄達從七天大幅縮短為一天。

七十八歲的阿Ki（曾明敏），年輕時便開始在阿里山送信。

「當時還沒有公路，要用走的送信，要走很久，走好幾公里，走到天都黑了。」送信郵差有兩個，阿Ki負責的是中山村和香林村，山上居民大多不是公家機關就是伐木工人，寄往山區的信雖然比較少，但接連而來的上坡下坡也是十分考驗郵差的體力，常常沒多久鞋子就磨平了。

最辛苦的是火車半途故障的時候，「鐵支路要是崩了，就要到中途搬郵件，有時候要走一、兩個小時去把郵件搬上來，再去分送。」不過現在退休的阿Ki還是很懷念當時的生活，「那時候覺得送信就像走路遊玩，很新鮮，無憂無慮的。」而村民們有時候送的也不只是郵件，有時還有藥品、報紙等，郵差就是遠居天邊的阿里山居民，不可或缺的重要傳遞管道。

與居民的百年友誼

現任阿里山郵局經理江建基，這次是第三次來到阿里山赴任了。一九八二年公路開通之後，往返阿里山便利多了，從嘉義市上來僅需一個多小時，平常江建基會住在

阿里山森林鐵路 100 年紀念卡

山上，週末才會回家。

阿里山郵局工作人員僅有三人，小郵局什麼業務都要包，不會比較辛苦嗎？「這裡環境優美，空氣又好，而且人都很親切，大家都是鄰居，有什麼不方便的地方，說一下大家都能體諒。」江建基說，他三度自願請調上山，除了美景就是溫暖的人情。「下班有時候居民都會叫我去他家吃飯，不去還會生氣。我要上山的時候，買個好吃的米香給他，就很高興了。」他笑著說：「人嘛！都是互相。」

二〇〇七年江建基就任時，剛好遇到阿里山郵局建局百年，特別在三月九日規劃慶祝活動，邀請一百位身分證後三碼為「100」的民眾，搭著小火車上來祝壽。由老郵差帶領大家到一、二代的郵局講古，並設立一座僅此一天的郵筒，讓大家穿越時空投遞信件，感受阿里山郵局一步步走來的百年風華。

那天，就像辦一場嘉年華會般熱鬧滾滾，發行木製明信片與特別的郵戳，吸引旅客們全擠在當天湧入，還有從各地寄來，希望貼紀念郵票、蓋紀念郵戳再轉寄到特別的人手中，幾千封的明信片、郵件，使江建基不得不商請當時還是大學生的女兒揪同學上來幫忙，貼貼蓋蓋到半夜，才總算完成所有人心願。

現在的阿里山郵局，已經是遊客與居民不可或缺的存在，儲匯服務方便快速，還能兌換外幣，門口i郵箱的設置，使郵件服務不限時間更加親民。與千年綠蔭相襯古色古香、風格獨具的建築，更是遊人必須到此一遊的景點。

　來訪阿里山，進入郵局買一枚所剩無幾的百年紀念郵票，貼在景色壯麗的明信片上，投進仿日治時期的檜木製大郵筒，郵筒裡的檜木香氣，阿里山上林木的清新味道，舉目所見的美景，彷彿都隨著郵戳蓋進字裡行間，隨著明信片下山、跨越海峽，寄給彼方想傳遞美好的人，或是未來想念這片山景的自己。

看影片遊台灣
N23.5°心動嘉義

輕旅主題一日遊

森林生態風 徜徉芬多精世界

行程建議

- 小笠原平台觀日
- 阿里山生態教育館
- 沼平公園
- 水山巨木

小笠原平台觀日

若要欣賞阿里山最出名的日出，便要在夜色濛濛時開車前往阿里山站，等待開往祝山的森林鐵路。下車後步行約 20 分鐘可到小笠原山觀景台，欣賞 360 度遠眺環繞的玉山群峰與變化萬千的晨曦天光，再對準日出東方等待萬丈光芒從山緣迸射。運氣好的話，除了日出，還能巧遇印在千元新臺幣上的國鳥帝雉噢！

阿里山生態教育館

看完日出，由祝山林道、祝山觀日步道下來，阿里山生態教育館就在步道入口處。館內自然與人文兼具，從阿里山歷史到鄒族文化、從動植物介紹到豐富的種子基因庫，逛完場館如同詳細閱讀了阿里山的履歷。不可錯過的還有館舍後方兩幢古雅地日式木造建築，分別為「臺灣一葉蘭生態故事館」與「阿里山山椒魚館」，前者與「眠月線」鐵路關係密切，後者為珍貴的臺灣特有種一級保育類動物。

攝影／周武德

沼平公園

由生態教育館往沼平車站步行，便會抵達沼平公園。公園裡有一座高 14 公尺的「櫻之道」，每年冬天至春天各種櫻花漸次盛開時，由上俯瞰緋紅、粉紅、桃色、白色的櫻花爛漫。鄰近的沼平車站原建於 1914 年，為日治時期林業鐵路的終點站，曾在 1976 年連同周邊住宅區慘遭祝融，2013 年重建啟用，站體以大量木造榫接而成，典雅優美，重現日式風華。

水山巨木

由沼平車站沿著鐵道往下走，便會看到水山巨木的指標。這是水山線的舊鐵道，沿著鐵道走，路況平緩，林蔭高聳濃密。鐵道終點旁沿著階梯走一會兒，便能望見樹圍達 16 公尺極為壯觀的紅檜「水山巨木」，坐在觀景平台欣賞其身姿，享受森林裡的平靜與愜意。

屏東枋山郵局
可愛的伯勞鳥郵差送信囉！

車程進入屏東枋山，眼前冒出一個彷彿從天而降巨型的便利箱，前面站了一個看來可愛聰明的伯勞鳥郵差，這是枋山郵局，以創意特色外觀迎接旅人來訪。

一路南行，天空的顏色漸漸蔚藍，湛藍海水閃爍著陽光，雪白浪花規律地撲打上岸，往枋山的路上一路拉開的海天一色，總是令人感到時光美好。

屬於狹長地形的枋山，臨海傍山，長而直的臺1線貫穿其中，是前往墾丁或走南迴到臺東

的必經之路。開著車、吹著海風張望風景，遠遠看到一座巨大的便利箱，令人不禁好奇：這是什麼建築呢？

郵局變身大型便利箱

時間倒轉到二〇一六年十月十四日。這一天，是枋山郵局有史以來最熱鬧的日子，原本以灰白瓷磚鋪成、中規中矩的郵局外觀，漆上了草綠色與白色的紅嘴信鴿，搖身一變成為一「咖」超大的便利箱。

仔細觀察，箱子上的郵字LOGO、便利箱、枋山郵局、限重 20KG、國內郵資已付等字

伯勞鳥郵差

郵局屋頂設有太陽能板

樣，和手中便利箱一模一樣，甚至連「此區請勿貼膠帶」細小紅字也能看到，十足像是被照了哆啦A夢的「放大燈」一般。

不小心撐破紙箱的，是滿滿枋山名物：有落山風洋蔥、愛文芒果，還有兩位「伯勞鳥郵差」也一起探出頭來。幫忙送信的還有另一位站在門口戴著眼罩回眸一笑的伯勞鳥郵差，正揹著郵筒準備出發。

那一天，南來北往的遊客，經過枋山郵局時，無不驚呼連連，一定要停下來仔細端詳，和辛勤的伯勞鳥郵差拍一張合照。

郵局前的地板與旁邊矮牆也很精采。用3D彩繪成的海浪，從牆邊一路拍打上來，地板上正在休息的伯勞鳥郵差，舒適地套著游泳圈正在做日光浴，還有枋山三寶之一的「蝦虎魚苗」在海裡自在優游。

枋山郵局特色鮮明

枋山風情濃縮在局屋外觀，郵局設計的小巧思，陪伴遊客左右。近日發行的郵票上，也滿滿都是枋山風情，歡迎來訪的遊客購買紀念。

郵局形象大突破，帶動周邊觀光效益

變身後的枋山郵局，不僅外觀變亮麗了，也帶動周邊的旅遊氛圍。

在郵局旁經營民宿，同時也是7-11的老闆娘莊小姐，自一九九七年開始便是郵局的鄰居，她說：「枋山地區金融機構極少，居民存錢大多在郵局，因為國營事業等同品質保證，服務周到又細心，長輩也就習慣往郵局跑，每逢週一一大早，便排隊等著郵局開門。」

而莊小姐自己則是常常忙到郵局結束

營業了，才衝進郵局，「即使拉上鐵門，郵局人員還是耐心地幫我們辦完業務才去準備下班結帳，揪感心A。」

對她而言，郵局外觀在印象中一直是老舊而保守的，高高的老式櫃檯、灰白磁磚，門口種了一排高高的樹，郵局如同隱身於森林一般，從路上幾乎看不見其存在。

「二〇一六年做這麼大改變的時候，我也嚇了一跳！改成這樣的外觀整體變得明亮多了，也很活潑！很多人路過就會被外觀吸引，停下來拍照。」郵局從裡到外的大改造，令莊小姐讚賞不已。

郵局牆面的設計與創作者，是樹德科技大學的學生。莊小姐說：「他們五、六個人一起工作，從八月底到九月底，不打草稿拿著噴罐就噴，真的很厲害！」而萌點滿分的伯勞鳥郵差郵筒，在郵局外一設置之後，吸睛度更是增加百倍。

「從來沒看過這麼有特色的郵局！」許多遊客都有志一同的讚嘆。而這座全臺唯一便利箱外觀造型的郵局，完工後也吸引大批人潮，遊覽車更是一輛接一輛地來，連帶炒起鄰近景點與街區的旅遊風潮，甚至還有街頭藝人駐點表演，每逢假日十分熱鬧。

候鳥嬌客變郵差，再現伯勞鳥生態

為什麼選可愛逗趣的伯勞鳥郵差，做為枋山郵局局屋美化的亮點？主要是因為伯勞鳥在枋山的動物保育史上，占有一席重要的地位。

每年九月，紅尾伯勞鳥會從西伯利亞飛到臺灣，略作休息、養足體力後，再向南至東南亞過冬。早期居民生活困苦，想吃肉並不容易，加上農務工作十分粗重，因此，大量飛抵臺灣的伯勞鳥，在枋山鄉人眼中，簡直是天上掉下來的禮物。

枋山人何時開始捕鳥、吃鳥，已無從考證，但食用伯勞鳥的習慣演變到經濟逐漸起飛的五、六〇年代，卻變成了一種瘋狂的商業行為。

當時楓港村是屏東至臺東必經的客運轉乘站，司機與遊客都會在此稍事休息，看準人潮帶來的商機，臺1線沿途冒出大量「鳥仔巴」攤，數量驚人，聞名全臺。

一九八四年墾丁國家公園成立，越來越多的國外遊客造訪臺灣，捕食伯勞鳥亦引起國際保育人士的關注與抨擊。而後，政府開始宣導保育觀念，並在一九八九年將伯勞鳥列為第三級保育類動物，獵殺伯勞鳥可處刑及併

伯勞鳥生態展示館

伯勞鳥彩繪石頭

科罰金，這才逐漸杜絕此惡習。

二〇〇九年，枋山鄉公所進一步將廢棄軍營改造成「伯勞鳥生態展示館」，以木頭雕刻而成的大伯勞鳥、磁磚拼貼的伯勞鳥、Q版伯勞鳥漫畫，從外觀看來十分活潑，裡面除了介紹伯勞鳥的基本資訊及保育觀念，還有簡單的DIY活動，目前場館由楓港社區發展協會管理。

在地農產推手，產地直送洋蔥、芒果

獨樹一格的郵局外觀吸引了人潮，後續還要有產業接應，才能替在地經濟帶來效益與獲利，而著名「楓港三寶」的洋蔥、愛文芒果，便在枋山郵局的推廣下，成為遊客手中一袋一袋的伴手禮。

從行政區劃分來看，枋山鄉轄內包含楓港村、善餘村、加祿村及枋山村，其中位居通往臺東及墾丁國家公園門戶的楓港，以洋蔥、愛文芒果及蝦虎魚苗三大特產著名，並稱楓港三寶。

以洋蔥來說，每年從十月到隔年四月，從東面而來的東北季風，爬過中央山脈俯衝而來，力道強勁連火車都必須為此建造防風牆保護，不過這道吹起時強度堪比中度颱風的落山風，卻是洋蔥又大又甜、滋味豐富的重要因素。

傳統種植洋蔥的農友，通常採收之後不是送中盤商，就是一大袋放在路邊賣，但現代人家庭成員少，想吃枋山洋蔥卻又無法一次吃太多，放久了鮮甜風味盡失，因此，枋山郵局與小農推出友善種植且具產銷履歷的洋蔥宅配，以三號便利箱裝七小袋，一袋四顆的分享包，讓都市裡的主婦們能輕易團購。

若想送禮就得更講究，以輕鬆就能做出美味的洋蔥沙拉為號召，抹茶綠色的高雅禮盒裡放三顆新鮮洋蔥、一罐清爽和風醬以及調味包，收到特產禮物的人，可以直接將洋蔥清洗切絲，淋上醬汁調味便是一道好菜，而且每賣一盒就捐十元做公益，相當有意義。

除了洋蔥之外，芒果也是郵局直送全臺各地的枋山特產。

枋山愛文之所以好吃，是因為落山風及炙熱陽光幫助芒果鎖住養分、提供甜度，乾燥空氣還能減少病蟲害，讓枋山愛文成了臺灣第一批成熟的「在欉紅」，自三月到七月都是產季，若選在芒果成熟時刻來訪，滿山遍野的套袋芒果，如雪一般盤據山頭，也是另一番奇景。

洋蔥、芒果小農願意合作，幾乎都源自於郵局的貼心服務，一、兩百箱洋蔥，只要一通電話，郵差便親自到府收件，再分送各處，且郵資較宅急便便宜，因此每逢洋蔥及芒果產季，包裹從局裡一路堆到局外，想品嚐當令當季的枋山特產，不妨試試。

輕旅主題一日遊

暢快海岸風 悠遊純樸小鎮

行程建議

- 枋山漁港
- 楓港老街
- 董家古厝
- 大陸小吃部
- 雙流國家森林遊樂園

枋山漁港

臺 1 線一路向南，在海豚灣與茉莉灣之間的海岸線平直，能親近海邊踏浪，但若要發呆整個下午，位於臺 1 線上的「好樂．杯冰」是推薦首選。以清爽的水果類雪酪（冰沙）配著無敵海景，尤其夕陽西下時，火紅地光芒點點在海上閃爍，美不勝收。枋山漁港則是另一個看海的地方，黃色小燈塔與晴朗而深邃的藍天互相搭配，鮮亮的色系讓心情輕快愉悅。

楓港老街

從枋山郵局往南，過了楓港溪馬上就會到楓港老街。老街裡處處可見伯勞鳥裝飾，伯勞鳥路燈、伯勞鳥馬賽克、彩繪，都十分可愛，彎來彎去的小路上時有慵懶的貓咪經過腳邊，還有幾間老厝在時光裡靜靜佇立，是個慢遊樂活的好地方。

董家古厝

楓港老街最顯眼的古厝，莫過於在派出所、活動中心旁的「董家古厝」，從昭和 3 年（1928 年）董九鎚先生建造至今，已歷經五代，紅色磚造十分搶眼，唯有兩側牆面鋪上石頭。磚體的細節處理細緻迷人，拱門的轉彎優雅有型，三角磚砌成來的花紋十分精緻可愛，與二樓新填充的窗戶磚頭一比，古老工藝獨特的手感馬上勝出。

大陸小吃部

60 年老店的大陸小吃部，一開始是外省伯伯經營，後來被現任老闆頂了下來，但手藝仍然沒變。品項簡單，只有榨菜肉絲麵與麻醬麵，湯品則有蛋花湯、貢丸湯兩種。比主食更令人驚豔的是滷味，尤其是雞翅，滷透到連骨頭都酥鬆可口，肉卻不柴而軟嫩，令人一吃就十分涮嘴，停不下來。

雙流國家森林遊樂園

做為林務局的國有林班地（意即國家管理森林之林地，是國有轄管林地的稱呼），走進園區，就像是沐浴在舒服森林浴中，坡度平緩，林木蓊鬱，沿途還有溪水、蝴蝶一路陪伴，非常適合健行。從入口處抵達雙流瀑布走路約一小時，就能抵達高約 25 公尺的瀑布，夏季水量豐沛時很是壯觀。

屏東舊潮州郵局

紅磚黑瓦下的潮州點滴

這一幢未曾改變的建築容顏，經歷悠久歲月，仍舊典雅優美，從庄役場、郵局、到戲曲故事館，在每一個不同時代，寫下不同的感動故事。

潮州庄役場的建築主體為單層樓的設計，有著日式建築的典雅風格，又妝點了一些西洋建築的俏皮，坐落於潮州建基路上，曾經是潮州郵局的所在地，現在則是「屏東戲

曲故事館」。

潮州地處沖積扇，擁有豐沛地下水源以及優質土壤，適合務農。清朝康熙年間，大量漢人來臺開墾，由於多為廣東省潮州府的客家人，因此將此地命名為「潮州」。

除了得天獨厚地質特色，潮州位於鄰近聚落往來的必經之路，吸引越來越多人來此居住，除了客家人，也有泉州、漳州的閩南人混居，人多、村落就密集，經濟活動興盛，需要政府機關來維持秩序，而潮州庄三山國王廟前的虎仔街（則今建基路），也就成為各路貨品集散地，雍正年間，潮州更從交通要衝，往上提升為初級行政區。日治時期，為了運載富庶的屏東平原所生產的糖，鐵路開通了，從潮州庄連結阿猴、高雄，驛站使熱鬧的街市從建基路拓展至中山路。此時公路網絡也逐漸完整，加上南迴公路通車，潮州成為公路客運轉乘站。

鐵路、公路兩大交通樞紐，使潮州周邊旅館、酒樓林立，商店、醫院、學校等生活機能完善，經濟與人口不斷成長，於一九三六年再度升格為「潮州街」。此時，建基路與中山路一帶，聚集了庄役場、郡役所、保甲事務所、小學校、公會堂。

時光荏苒，以前的日式建築一棟棟變成鋼筋水泥，郡役所改建為屏東縣政府警察局潮州分局，保甲事務所改建為潮州鎮公所，小學校改建為光華國小，唯一留住往日面貌的，只剩下「潮州庄役場」。

來古蹟辦事，潮州南進路郵局

一九四五年，庄役場由財團法人臺灣電信協會及財團法人臺灣郵政協會共同管理，前棟建築做為郵局，後棟則做為電信局的宿舍，一九四九年郵電分家後，便雙雙搬離。

談起舊潮州郵局的搬遷歷史，一九八四年就調來潮州郵局，至今已服務超過三十

舊潮州郵局的老照片

年的昌玲珍，還曾經歷郵局位於潮州庄役場時期，「當時大門打開就看見營業櫃檯，右手邊郵務，左手邊儲匯，當時郵務只有兩個窗口，ATM 則是放在右邊大窗戶旁，再過去一些是金庫，現在的廁所以前則是茶水間，放冰箱、洗手台。」再回到從前辦公的地方，現今的戲曲故事館，昌玲珍的回憶依舊清晰地彷彿十數年的歲月悄悄凍結。

「改變較多的是後巷，以前有一大片空地，還有一棵龍眼樹，讓我們每年都有龍眼可以吃。」站在廊上，想像當年大樹隨風搖曳，在郵局辦完事的民眾散步到後面乘涼、閒話家常，再騎著腳踏車或散步回家的景象，不像都市郵局的空氣中，總是瀰漫著焦急等候的氛圍，來古蹟辦事，思古幽情，步調也自然緩慢下來，人，便成為百年古蹟風景的一部分。

在古蹟上班，的確會成為一處風景。「這裡常有觀光客進來拍照，因為櫃檯正對馬路，門也一直打開，所以他們一拿起相機我就趕快低頭，不要被拍到。」昌玲珍笑著說。

困擾不只這個，木造古蹟隱憂是白蟻，這也是讓郵局搬離庄役場的主要原因。「白蟻把柱子蛀得很厲害，還會吃郵局的單據，逢地震就怕塌下來。」為了解決白蟻問題，南進路郵局曾經與新生路郵局合併兩個月，想等白蟻除完之後再回到庄役場，可惜白蟻之患比想像嚴重，最後只好於二〇〇五年正式搬離潮州庄役場。

郵局搬離，庄役場再度閒置，原本面臨拆除命運，但身為屏東最後一座庄役場建築，具有為潮州鎮保留都市發展歷史脈絡的重要地位，彌足珍貴，在地方人士與屏東縣政府溝通下，以租借方式保留下來。二〇〇六年核定為歷史建築，二〇〇九年八八風災毀損嚴重，重新整修後定位為「屏東戲曲故事館」，二〇一一年十二月庄役場的大門再度敞開。

俏皮可愛的擬洋風建築

站在屏東戲曲故事館前仔細端詳，紅磚中鑲嵌著巴洛克式柱，擬洋風的摩登氣息令人莞爾。「當時臺灣和洋混搭建築其實不少，但以庄役場屬於政府基層單位，能把

形似珠寶的造形裝飾

它建築得如此華麗，倒是挺特別。」潮州高中退休後，至屏東縣文化處當志工的宋戊生老師解釋。

庄役場由前後兩棟建物結合而成，主要皆為木造結構，前棟受到日本明治時期後出現的擬洋風建築影響，外觀透露著洋式風格，後棟則為傳統的日式長屋。

因此，正面看庄役場，有點英格蘭紅磚建築影子，赭紅色秀氣的清水磚以英式風格砌成，轉角柱下半部的紅磚則收齊工整，上半部仿石工法造成一方兩圓、迷你的托茨坎柱（Tuscan Order），無論方柱或圓柱身都有優美弧度，彷若歐洲貴族蓬裙上優雅的腰身。

只有屋身一半高的柱子，使得木造窗戶顯得氣派，正中央弧形立面貼上形似珠寶的大橢圓、小圓珠滾邊，左右兩側角型立面，則貼上「同」字造形裝飾，好似少女清湯掛麵的髮型。好奇地問老師圖案有沒有什麼意義？「我原先也以為有特殊意義，如中間是國徽，兩旁是官府佩章，後來詢問專業意見，判斷小地方官署不可能這樣設計，應該純粹裝飾而已。」

小心的推門入內，即使已經過了一百年，木頭的香氣仍迎面而來，不同於外觀摩登的洋式風格，內部是日式官署常見的桁架結構，「木結構的屋頂上方的日本瓦，已經全數換過，樑柱是用檜木和臺灣杉木，有些換過，有些還保留著。」宋老師細心地指點新舊交錯的柱子，傳遞著或許一轉身就失傳的在地知識，期許能在話語間被一點一滴地保留下來。隨著指引看向日式拉門、木框上推式大窗、涼爽簷廊、庭院，無論是否完全吸收，但在陣陣木香裡漫步古蹟悠閒，仍讓人感到格外舒服。

潮州戲曲搖籃，歌仔戲、布袋戲、紙影戲輪番上陣

說起歌仔戲，全臺灣沒人不知道「明華園」，但鮮少人知道明華園與潮州的淵源。明華園的創始人陳明吉，一九一二年出生於屏東車城，他與戲院老闆蔡炳華共組的明華歌劇團，是少數在皇民化運動下仍獲准演出的歌仔戲團。

形似同字造形裝飾

戲曲故事館仍保留日式建築的木造結構

臺灣光復後，隨著通訊傳播的演進，民營電台、無線電視相繼成立，廣播歌仔戲、電視歌仔戲使得原本在戲院上演的歌仔戲劇團漸漸式微，明華園也在此衝擊下，由內台（室內演出，多為戲院）轉向外台（戶外演出），並來到潮州落地生根。

在經歷多番起伏之後，明華園深知戲劇需要與時俱進才能引起共鳴，因此，在傳統歌仔戲基礎上，他們添加各類傳統與創新藝術的血肉，融入時事與流行語，創造新穎科技聲光效果，劇情引人入勝，舞台魅力逼人，使其在九〇年代，成為臺灣歌仔戲界無人不知、無人不曉的天團。

陳明吉一九九七年過世後，由三子陳勝福接掌，並分出「天、地、玄、黃、日、月、星、辰」八個子團於全臺灣開枝散葉，四子陳勝國創辦的「明華園黃字戲劇團」留在潮州老家繼續深耕。二〇一八年五月，屏東戲曲故事館結束半年多的修繕工程，再度開幕的第一展，即是由黃字團策展精采的〈藝術跳鍾馗〉祈福儀式與扮仙戲。

蘇家班的明興閣掌中劇團，是潮州在傳統戲曲的另一個寶。

潮州人蘇明順一九五七年創團，當年他才十八歲。一九六一年臺灣經濟發展興盛，人們手頭開始有閒錢娛樂，當時戲院多劇團也多，全盛時期潮州就有十三團。

蘇家班的戲不同於傳統布袋戲以歷史故事為本，而是演出自編劇情，前場、後場、文場、武場，還有後台戲偶、服裝、道具、頭盔，全都自己來，扣人心弦的金光戲彼此搭配格外默契，戲偶的臉能與名字、個性相應，服裝在戲台上亮麗奪人，再加上煙、火、光、霧等特效搭配，整場戲下來讓觀眾目不轉睛。

這兩個響噹噹的劇團，使庄役所成為「屏東戲曲故事館」名正言順且別具意義。作為劇團搖籃，潮州還有由陳處世、劉道訓師徒二人分別創設的「樂樂兒童紙影戲團」與「光鹽民俗藝術團」。熱愛皮影戲的國小美勞老師陳處世，為了推廣製作門檻較高的皮影戲，改用西卡紙作偶，簡單環保又充滿創意，巡迴表演教學時小朋友喜歡又容易上手。原本在幼稚園工作的劉道訓，看見被紙影戲迷得聚精會神、嘴巴微張的小朋友們，便一頭栽進紙影戲世界。

屏東戲曲故事館現在做為展覽場域，展出創新與傳統並具的戲劇世界，拓展豐富多元性；做為演出場域，無論是後院裡老少咸宜的「後庭院小劇場」，或在氣派大門前熱鬧的歌仔戲班，都讓戲劇藝術變得更平易近人。

從潮州庄役場、潮州郵局到屏東戲曲故事館，這棟可愛的紅磚建築始終在潮州居民生活中，占有一席之地，堅定地佇立在此，和居民們一起迎向下一個百年。

輕旅主題一日遊

傳統藝文風 走進潮州戲曲的世界

行程建議

- 屏東戲曲故事館
- 潮州圓環美食 & 雪涼冰品
- 潮州綠色隧道
- 林後四林平地森林園區

屏東戲曲故事館

原為舊潮州郵局的戲曲故事館，融合日治時期與巴洛克時期的風格，在現代建築環繞之下，格外引人注目，古蹟風華更吸引遊客駐足拍照。現今做為展覽與戲曲表演的場所，時常舉辦藝文活動，適合闔家大小共賞。

潮州圓環美食 & 雪涼冰品

潮州著名的燒冷冰就在延平路、太平路、新生路、清水路、建基路、長興路，六條路交會的圓環上，旁邊還有旗魚黑輪、白糖粿、紅豆餅、刈包等歷史悠久的古早味在地美食。

雪涼冰品則位於光華國小對面，冰品真材實料，可吃到食材原本具層次感的豐富風味，土芒果果泥香氣濃厚，老欉港口茶高雅芳香，都是上選。

潮州綠色隧道

全長 1.2 公里的潮州綠色隧道又名「泗林健走步道」，兩旁植滿小葉欖仁，夏日林蔭茂密，漫步其中、微風輕吹，非常舒服，不過此處仍是車行道路，散步時要小心來車。

林後四林平地森林園區

園區內有全臺首座造型電塔，色彩繽紛塔身，展現活潑魅力！顛覆你對電塔的想像，是拍照打卡的新地標。此外，園區內的森林、農田、溼地、鳥類、蝶類、兩棲類各式生態景觀旁，附有解說牌，具有教育意義，十分適合親子共遊。

宜蘭三星郵局
特色青蔥新造型亮眼佇立

遠遠看三星郵局，嶄新外觀亮麗搶眼，還融入三星蔥設計，強化當地農特產意象，儼然成為三星鄉最引人注目的特色地標。

來到三星鄉，一定會不自覺地放慢腳步，放眼即是中央山脈與蘭陽平原交織的天然美景，令人陶醉，兩旁田野遍植翠綠青蔥與上將梨等農特產，生機盎然，漫步在純樸美麗的農村景色中，彷彿能將塵囂煩惱拋至九霄雲外。

三星鄉原是平埔族的「叭哩沙喃社」，昔日蘭陽八景中的沙喃秋水即指此地。在地理位置上，三星鄉位處山地、平原及河川的交匯點，由於土壤肥沃與水質純淨無汙染，造就了物產豐饒的地方優勢。

三星境內盛產各種農特產，在農會極力推廣下，青蔥、白蒜、上將茶、上將梨、柑橘及銀柳等，都有不錯的栽種成果，尤其是鮮嫩翠綠的「三星蔥」與多水又甜的「上將梨」更打響三星名聲，為居民帶來實質的收入，改善當地經濟生活。

老郵局改頭換面，三星蔥造型超特別

近年來，三星地區除了發展農業之外，也依據特有自然景觀與人文歷史，推廣休閒觀光產業，各種特色景觀風景區、親子體驗農場與特色民宿蓬勃興起，廣受外地遊客喜愛，而三星郵局也跟上這股特色景觀風潮，進行局屋翻新工程，以亮麗面貌呈現在遊客與居民面前。

在建築師巧思下，三星郵局外觀運用三星蔥外型，長長蔥白加上翠綠蔥苗，以特殊材質之隔柵及配合簡約色彩，呈現三星在地風情，讓擁有三十多年歷史的三星郵局，巧妙地融入當地農特產品意象，落成至今，已成為三星鄉最亮眼的人氣地標。

為了打造明亮寬敞、簡約舒適的用郵環境，設計團隊將營業廳櫃檯改為更親民的低矮櫃檯，並且更換舒適座椅，增設公用廁所方便顧客使用，由內

風景宜人的安農溪

而外處處尊榮款待，三星郵局展現出親民樂活的全新氣象，也期望能協力帶動三星鄉的觀光休閒風潮與人文歷史傳承。

漫步落羽松祕境，閒適農村氣息

三星鄉特有的悠閒氛圍，向來為遊客們所喜歡，尤其是沿途風景宜人的「安農溪自行車道」，更是熱門旅遊景點。

流經三星地區的安農溪，原名電火溪，是灌溉農用的重要河川，流域極具田園景觀及遊憩發展潛力，近年來在縣政府規劃整治下，已完成大洲分洪堰風景區至水源橋段，全長約十五公里的自行車道，沿途行經分洪堰、情人橋等優美景點，還會經過一處有如夢幻場景般的落羽松森林，樹葉隨著季節更替，別有不同風情，更是攝影愛好者的私房祕境！

天送埤車站曾是偶像劇的拍攝場景

自在悠遊，感受在地人文風景

提起三星，許多人直接聯想起三星蔥，這都得歸功於三星農會多年來的極力推廣與宣傳，而三星農會利用閒置舊倉庫改建而成的「三星青蔥文化館」，正是遊客進一步認識三星農特產的最佳去處。

文化館以青蔥為主體，詳盡介紹三星蔥的產地、構造、地理環境與栽培方式，館內另有仿造古早爐灶的展示區，介紹蔥的功效，並設置蔥料理烹調體驗遊戲，讓孩子們從玩樂中認識青蔥文化，非常適合親子共遊，館內還設置農特產展售區，離開前別忘了帶一把鮮嫩美味的三星蔥回家。

走訪完青蔥文化館，若還有時間不妨前往鄰近復古情懷的人文景點「天送埤車站」。

擁有近百年歷史的老車站訴說早期歷史記憶，車站位於三星至清水湖之間，當年以運送太平山木材為主，並同時營業載客，便於居民出入。

車站外觀為典雅復古的日式建築，同時也是全臺碩果僅存的木造車站之一，近年來經整修後，完整地還原當時車站的陳設風貌，而原本靜謐懷舊的老車站，也因拍攝偶像劇《下一站幸福》而聲名大噪，假日總吸引眾多遊客拍照打卡，帶領大家一同重返車站的繁華景象。

裊裊白煙，體驗地熱煮食野趣

想體驗溫泉水煮蛋的自然野趣嗎？清水地熱公園是絕佳去處。

原是舊中油工作站的清水地熱公園，擁有豐富地熱資源，屬於鹼性泉，且泉水溫度高達攝氏九十五度，園內設有煮食池、泡腳池、休憩區、販賣部等設施，遊客除自備食材，也可以在販賣部選購蛋品、玉米、料理包等，享受地熱煮食樂趣。

為提供更優質服務，清水地熱封園整修十個月，於二〇一八年十二月重新開放，園內環境一新，增設服務台、盥洗室、哺乳室等設施，遠處青山加上地熱噴出裊裊白煙，構成一幅頗為動人的鄉土風情畫。

輕旅主題一日遊

自然慢活風 體驗農村莊稼生活

行程建議

- 安農溪自行車道
- 三星青蔥文化館
- 味珍香卜肉店
- 天送埤車站
- 長埤湖風景區
- 清水地熱公園

安農溪自行車道

安農溪自行車道沿著安農溪北側堤防建置而成，起點為蘭陽平原沖積傘頂點水源橋旁，終點為歪仔歪橋頭旁的分洪堰，全長約 15 公里，沿途地勢平坦，可欣賞不同的溪岸風光，非常適合親子同遊。

三星青蔥文化館

寓教於樂的三星青蔥文化館，不僅具備展館功能，也是三星鄉農會所在地，館內介紹青蔥知識和歷史，還設計多款互動遊戲機台，同時也販售農特產品，包括三星蔥、蔥明餅、蔥明麵等創意商品。

味珍香卜肉店

造訪三星鄉，除了品嚐三星蔥油餅之外，還有一個飄香超過 80 年的味珍香卜肉店，這裡的祖傳「卜肉」外皮香酥中帶軟，類似天婦羅麵皮的口感，包裹的里肌肉條，扎實且富有嚼勁，是三星當地不容錯過的排隊美食。

天送埤車站

天送埤車站建於 1921 年，是三星至清水湖的中間站，如今，火車早已不再行駛，但沒有因此荒廢拆除，近年在縣政府的整修維護之下，完整重現了當時車站的陳設模樣，更因偶像劇拍攝而聲名大噪，帶動了觀光人潮。

長埤湖風景區

海拔約 200 公尺的長埤湖風景區，湖水終年不乾涸，山光水色景致幽雅，坐擁青天翠巒，是三星鄉公所積極規劃的觀光據點，近年委請廠商規劃度假住宿區、露營區與營火烤肉區等多元休憩機能，廣受遊客們喜愛。

清水地熱公園

以地熱水煮蛋聞名的清水地熱公園，歷經封園整修 10 個月，重新開放後提供遊客舒適優質的地熱休閒體驗，縣政府將繼續打造溫泉浴池，未來除了地熱煮食，還可以泡裸湯，享受碳酸氫鈉泉的溫暖洗禮。

宜蘭羅東郵局

展現林業文化的綠意場域

宛若城市中的清新森林，羅東郵局以自然永續概念，打造出奇幻氛圍的綠色巨牆意象，成為宜蘭縣首家示範郵局。

早期羅東是太平山林場鐵路的木材集散地，商業繁盛，成為宜蘭縣蘭陽溪以南最重要的商業重鎮，最初設立於一九〇〇年的羅東郵局，位於市區最熱鬧的中山公園旁，見證了羅東地區因林業發展而興盛的百年繁華，如今則在建築師團隊的協助下，融入林業文化特色，內外翻新改造，令人耳目一新的外觀，成為在地新地標。

羅東城市發展，與林業緊密結合

根據文獻記載，未開發前的羅東，曾是滿布樟木、

老榕樹的山林地帶，野生猴子群居於森林中，當時平埔族人稱猴子為「老懂」（Ro-Ton），後來漢人開墾蘭陽平原時便沿用其名，這就是「羅東」地名的由來，自此，羅東與森林意象緊密結合。

時至一九二〇年代間，太平山林場進行開發，當年的羅東街長陳純精致力於推廣林業相關產業，一九二一年極力爭取將林場出張所、貯木池設在羅東，使羅東成為太平山木材的集散地，進而取代嘉義，成為臺灣木材市場中心。

羅東木材產量曾為全國三大林場之首，被譽為「木材之都」，地方經濟也如森林般蓬勃發展、蒸蒸日上，地處宜蘭、蘇澳間交通孔道的羅東，今日仍是宜蘭縣最活躍、最繁榮的工商重鎮。

因林業發展，彈丸之地躍升工商重鎮

隨著林業發展，羅東鎮也成為地方工商業重鎮，商

業中心以鎮公所與中山公園周邊為核心向外推展，包含興東路、中正路、公正路、民權路等路段，經濟活動最為蓬勃發展。

早年民營銀行發展尚未健全，緊鄰中山公園的羅東郵局，對於金融界具有舉足經重之地位，提供居民商業投資的奧援，可說是地方金融中心。

很難想像，現今遊客如織熱鬧繁華的羅東鎮，其實是全臺面積最小的鄉鎮，面積僅一一．三四四平方公里，卻蘊含無限潛能，不僅是宜蘭人口密度最高的行政區，更是縣內最活躍的第一工商重鎮。

已在羅東郵局服務三十五年的資深專員莊守信回憶：「擁有近百年歷史的羅東郵局陪伴著居民一同成長，是大家最信賴也最親近的金融夥伴，由於位處精華地段，附近有公園、夜市與行政區，商家林立，人口稠密，業務量繁多，基本客戶及生意往來頻繁，我們與客戶互動向來良好，業績每年皆直線上升。」

在人們通訊習慣轉向數位化的現今，羅東郵局逐漸朝多元化面向發展，如跨行連線、代售旅行支票、壽險、房貸等，提供消費者便利多樣的選擇與服務。

城市中的森林，翻新外牆呈現盎然綠意

為了拉近與年輕世代的距離，營造親民的在地形象，協助地方觀光推展，羅東郵

羅東郵局經過改造，局屋外觀煥然一新

嶄新的郵局大廳

局進行局屋美化工程，邀請彭鈞義建築師的得獎團隊，進行羅東郵局門面改造，以森林永續為主題，融入羅東林業文化的特色，展現令人耳目一新的外觀。

如今的羅東郵局，運用水平抽象板材製作外觀格柵，呈現木紋質感，搭配簡約白色面磚，營造出自然樂活的意境，在羅東鎮最繁華路口間，築起一道綠色巨牆，呈現超塵脫俗的盎然綠意，也述說早期林業集散地的意象，尤其在夜間投射燈光後更具奇幻氛圍。

除了外牆翻新之外，郵局內部則打造出明亮整潔的空間感，提供舒適沙發與各類書報，供等候服務民眾休息，並且將窗口櫃檯高度降低，營造便利親民的環境，而牆面海報框融合郵票概念，饒富趣味。

羅東郵局自二〇一七年一月十二日整修落成後，成為宜蘭地區第一家示範郵局，許多民眾看到煥然一新的郵局外觀，呈現林業美景，均表認同，綠色系的搭配，遠看一片綠意，彷彿一座「城市中的森林」。

漫步蒼鬱林場，感受昔日美好時光

談到羅東的林業文化，就不得不提到羅東林場，占地約十六公頃的羅東林場，過去曾是臺灣三大林場中，規模最大的一處，在林業活動式微後，為保留百年林業文化，

羅東林業文化園區

於二〇〇九年設立「羅東林業文化園區」，成為遊客們週休二日親近自然與歷史人文的最佳去處。

園內保留日式房舍、貯木池、竹林車站等特殊景致，並沿著湖畔鋪設環池木屑步道，漫步其間有種蒼鬱悠閒的氣氛，湖畔邊還擺放當年運送木材的老火車頭，緬懷著舊時光的美好；此外，園方利用原有建築做為文物展館，重現當時從業人員的生活起居與工作模式，不僅保存歷史建物，也幫助遊客了解林業傳統文化。

來到羅東林場，就不能不來一碗過去林場工人們下工後補充體力的最愛餐點——「林場肉羹」，儘管外在環境賦予它不同的任務，但飄香超過五十年的林場肉羹口味一直沒變，湯汁濃稠、料多實在，持續以簡單且樸實的美味溫暖人心，因此深受民眾喜愛，假日時總是大排長龍。

融合林業脈絡與在地文化的城市新地景

近年來，羅東吹起一股美學風潮，尤以造型前衛獨特的羅東文化工場最引人矚目，這座約十九公尺高的「太空飛船」，是由建築師黃聲遠團隊規劃設計，兼顧人文歷史、城市特色和生態節能的文化園區。

建築設計靈感來自太平山林業歷史脈絡，結合羅東林業歷史元素，如運輸鐵道、

羅東運動公園

羅東文化工場

木材、貯木池等，透過具體的建築規劃與地方特色緊密串聯，跳脫民眾對建築與文化設施的想像，因此先後榮獲二〇〇八年臺灣建築獎首獎、二〇一二年第三屆中國建築傳媒獎、二〇一四年第八屆遠東建築獎傑出獎，更曾為第四十九屆金馬獎頒獎典禮場地。

羅東文化工場兼具展演、文創及運動機能，大棚架上方的天空藝廊是展覽場所，定期舉辦各式藝文展覽，棚架下方廣場則是社區居民休閒的場所，飄浮跑道與極限運動場更結合了運動、生態與遊憩機能，將草坪、跑道、生態水池等設施與地景充分融合，形成一處廣闊的開放空間，營造出獨特的羅東在地美學生活。

放慢腳步，遁入喧囂中的桃花源

說來有點不可思議，羅東鎮是全臺最小的鄉鎮，但鎮內卻有座全臺最大、占地四十七公頃的運動公園——羅東運動公園，是全國面積最大的人造公園。

原為羅東溪畔不起眼的窪地，歷經七年精心營造，羅東運動公園展現出獨特的在地風貌，園區以綠、水、健康為三大主題，並融入臺灣本土特色及蘭陽風情，創造出舒適幽靜的休閒場域，彷彿是隱身喧囂中的一片桃花源。

來到這裡，不妨放慢腳步，感受大自然萬物的瞬息變化，園區有寬闊而高低起伏的綠地，行走其間，景觀饒富變化，園區最高點為望天丘，標高為二十三公尺，可俯視整座公園，是熱門拍照景點之一，山頂呈圓碗弧坡，晚間可躺臥其間觀星；園內廣闊的人工湖採水景主題，配合節令常作大型水舞音樂舞台，每日皆有水舞表演，遊客可在湖畔咖啡館點杯美味咖啡，度過美好的午後時光。

用味蕾認識羅東！無法抗拒的特色小吃

有人說，要認識一個地方的文化，一定要從特色小吃開始，想認識羅東，走一趟「羅東夜市」準沒錯！

圍繞中山公園街廓的羅東夜市，是全國網路票選十大夜市之一，每逢假日總是人潮洶湧，除了有購物商圈可逛之外，夜市特色小吃更象徵著羅東美食文化，舉凡阿灶伯當歸羊肉湯、張秀雄的鹹米苔目、李佛送的燻鴨、魏姐包心粉圓等等，每一個特色小吃背後都有一段故事，讓人難以忘懷，不僅是在地人宵夜的不二選擇，更是外地訪客發掘羅東風俗民情的最佳去處。

輕旅主題一日遊

美學樂活風 走訪人氣文創園區

行程建議

- 羅東文化工場
- 羅東林業文化園區 & 林場肉羹
- 羅東運動公園
- 中興文化創意園區
- 羅東夜市

羅東文化工場

由知名建築師黃聲遠規劃設計的羅東文化工場，以羅東林業歷史為建築主題，自 2012 年營運以來，已經成為羅東人氣新地標。

羅東林業文化園區 & 林場肉羹

想認識羅東林業文化，走訪羅東林業文化園區就對了！園區展示百年傳統的林業文化，景觀優美閒適，相當適合全家一同前往；當然，來到林場也別忘了品嚐擁有 50 年歷史的林場肉羹喔！

羅東運動公園

吃完肉羹不妨來運動公園歇歇腿，占地 47 公頃的羅東運動公園是全臺最大的人造公園，融合自然環境，創造出舒適的休閒空間，是到訪羅東不可錯過的景點之一，尤其園區內的一大片落羽松林，更是攝影迷們捕捉美景的最愛。

中興文化創意園區

園區由八十多年歷史的中興舊紙廠改建而成，2014 年由宜蘭縣政府接手後，成為羅東地區文創美學的熱門據點，邀請許多宜蘭在地藝文團體進駐設展及舉辦文創市集，在歷史建物裡形成新舊融合的創新美學，是文青網美追逐的打卡景點。

羅東夜市

傍晚時分，來逛逛名聞遐邇的羅東夜市吧！圍繞著羅東中山公園的羅東夜市，是當地最富盛名的小吃街，舉凡阿灶伯羊肉店、包心粉圓、龍鳳腿、燒烤店、鹹米苔目等知名的小吃皆集中在此，多樣美食任君選擇，絕對滿足各家饕客的味蕾。

花蓮秀林天祥郵局
隱身太魯閣裡的時光渡口

時間長河淘洗下的自然文化瑰寶——太魯閣國家公園，其境內隱藏了一間郵局，為人們傳遞跨越空間與時間的書信。

「我仰望群山的蒼老，他們不說一句話。陽光渺出我的渺，小草在我的腳下。我一人停在路隅，傾聽空谷的松籟。青天裡有白雲盤踞，轉眼間忽又不在。」這首《渺小》為張雨生演唱，歌聲優美，彷彿來自太初，而歌

詞勾勒出的畫面，靜美雄渾，讓人為造物者之大能虔敬不已。

每每由中部橫貫公路往返臺中、花蓮，任何季節時段，窗外風景都讓人目不轉睛，尤其進入太魯閣國家公園白山黑水、千仞高山與萬丈峽谷路段，無不感歎人類之渺小、讚嘆大自然的鬼斧神工。

開拓不易，臺灣第一條穿越中央山脈的公路

能欣賞到如此美景，多虧了一九五六年政府因

經濟需求，決定動工興建、貫穿島嶼兩側的東西橫貫公路，而這一段歷史，至今仍舊是許多臺灣人共同的回憶。

由於橫貫公路行經路線，大多是絕壁陡峻的地形，地質危脆，大型機具根本無法運至現場施作，就連人亦無立足之地，某些路段，甚至只能以麻繩將退伍榮民一端繫在腰際，一端繫在山頭樹上，單次垂吊數十至百人，向下垂吊於四、五十公尺高的空中，一鎚一鑿的鑿出砲眼，埋入炸藥開炸，就如此一次一次地把路基炸出來，而每日投入的工程人力也高達五、六千人，規模十分浩大。

一九六〇年五月九日，總長一百九十．八公里，費時三年九個多月，期間遭遇兩度五級以上強震、七次強颱襲擊，工程期間因意外喪生殉職至少兩百二十六人的東西橫貫公路，終於正式通車。公路完工，政府在公路沿途闢建農場，提供退伍榮民開墾拓荒，使這群漂洋過海、付出血汗與青春鑿山開路的榮民們，終有棲身之所，甚至多數人就此在親手打造的一方天地裡終老。

天祥郵局啟用之時，正是這條充滿故事的東西橫貫公路正式通車一年後左右。

彼時，天祥因腹地廣大，已成為東西橫貫公路上、行過大禹嶺之後的車輛與旅人最重要的休憩驛站，附近商店、餐廳及提供住宿的各公民營單位林立，一個生態圈儼然成型。而區域內民眾日常所需的儲匯以及向外聯絡需求日增，正是天祥郵局在此設立的最大原因。

天祥郵局明信片

山林裡的熱情郵局，旅人駐足造訪的好去處

天祥在東西橫貫公路通車，躍升為重要驛站後，人潮、觀光商機日增，於是天祥郵局於一九六一年四月二十二日設立。而天祥郵局因為距離花蓮市區路途遙遠，行政支援不易，僅由陳例陞經理留守郵局內，從寄送郵件、領取包裹、匯款、辦理壽險等業務均由他一人包辦。

雖為一人郵局，但是從裡到外仍然讓人驚喜連連。

首先映入眼簾的是郵局外觀，因地處曾世居於此的太魯閣族人所在地，郵局的外牆特別呈現了太魯閣元素的瓷磚拼貼：人物、圖騰、動物……，充滿與自然對話的原民風外觀，在鄰近山景與四周景色下相映成趣。走近些，郵局入口旁的太魯閣風采繪郵筒更為吸睛，幾乎走過郵局者，都會與其合照、自拍。

進入郵局，除了乾淨整潔的環境外，讓人印象最深刻的是迎面而來的打招呼聲：「歡迎光臨天祥郵局，請問有什麼能為您服務嗎？」一句簡單問候，卻聽得出滿滿的爽朗真摯。每一位初臨乍到的訪客，收到如此友善熱情的接待，臉上的線條，從嚴肅緊張轉為彷彿遇到熟悉朋友的放鬆姿態。

陳例陞經理

詢問陳經理為何能常保真誠笑顏與熱情面對每位服務對象？

自願調至此服務的他謙虛地笑答：「因為喜歡這裡的環境、喜歡運動，所以來到天祥郵局工作覺得很快樂，而能把這份快樂傳達給所有需要郵局服務的對象，是非常幸福的事。」

在這裡，或許常態服務人口總量不比市區，但絡繹不絕、爭相想要在此買張明信片、蓋上天祥郵局獨有郵戳，遙寄遠方的各國遊客，也真的讓一人身兼多職的天祥郵局陳例陞經理得生出三頭六臂，才足以應付。

熱血十足的郵務士，雪地送信難不倒

天祥郵局在臺灣所有郵局中，除了一

郵務士游如鈁

人負責全局業務外，還有另一項全臺唯一：雪地送信人。

花蓮縣境廣大，郵局的投遞範圍也相當特別。自海拔五百多公尺的天祥，一路陡升至三千多公尺的合歡山松雪樓，氣候變化劇烈，冬天雪季來臨，郵務士就得面對嚴峻挑戰。目前負責關原至松雪樓段投遞服務的游如鈁郵務士坦言，是因為自己熱愛騎越野摩托車，所以親友轉告他這份特殊工作時，他沒考慮太久，即答應赴任。

一週需投遞的日子有兩天，但投遞路途遙遠，需要前一日下午先將隔日投遞物資、郵件領妥，待隔日凌晨三點起床後，即踏上投遞之路，才有辦法完整送完至山頂的郵件，並在中午左右回到天祥，避免午後非常不穩定的山區天氣，影響歸來安全與時間。

游如鈁分享，在高山雪地送信需特別注意：

「冬季時，即使未下雪，山上動輒低至個位數的氣溫，若無相當的保暖裝備，極端危險。」因此他身上的外套是一件由電能供應，具有真正發熱功能的外套。若遇上雪季，則會開著加掛雪鏈的車子載著他的戰馬重機，到了定點後，才騎著重機靈活分送郵件。

承載思念的一碗麵、一封信

最後游如鈁分享送信過程中最印象深刻的事：那就是送一碗花蓮名產餛飩麵。據說是一位難得回家的女兒，向母親提到想吃久未品嚐的餛飩麵，而行動能力稍弱的母親，便央求平日因收送件相熟、如同朋友的游如鈁，代為一圓女兒心願。相信這碗餛飩麵的滋味一定很美味，不僅有著母親深切的愛，更有郵務士熱心相助之情。

採訪至此，不禁想到：以現代社會，用手機記錄影像或以社交軟體做為各種訊息傳遞如此迅捷方便，何以我們仍無法抗拒郵件的魅力？比起電子訊息的即時卻易被資訊洪流淹沒的本質，想像當我們回到家，自郵箱裡收到郵件時的感動：那是藉由遠方一雙溫暖的手，用心挑選的信紙或卡片、親手一筆一畫寫下那份在乎與慎重，寫完封妥，再交由郵務人員風雨、甚至風雪無阻地遞送而來。

這樣舉重若輕的郵件裡，同時承載著寄件者與傳遞者的承諾與重視，這正是時代無論如何變遷，郵件最無法被取代及值得珍藏與信守的價值。

輕旅主題二日遊

登山健走風 進入大自然教室

行程建議

Day 1

- 天祥基督教會
- 普渡橋
- 祥德寺
- 綠水步道
- 岳王亭

天祥基督教會

這是仿若在歐洲鄉村可見的石砌教堂，教堂雖不大，但倚立山崖邊，展望絕佳，當陽光穿窗入室時，寧靜優美，即使非教徒亦能在此獲得心靈平靜。教堂旁有兩層樓宿舍，相當適合喜歡幽靜氛圍的朋友於此住宿。

普渡橋

為橫跨立霧溪、通往祥德寺唯一橋樑。橋上可眺望大沙溪與立霧溪於天祥交匯處的壯觀景象及兩岸河階地形，了解立霧溪與太魯閣地質上的前世今生。

祥德寺

祥德寺於 1962 年創建，寺院區域沿山建有 7 層樓高天峰塔、白衣觀音像，以及高達 36 尺的地藏王菩薩金像。由於地處深山，環境優美，因而有「臺灣的九華山」之稱，可以來此一訪，感受信仰與自然環境帶來的平和寧靜。

綠水步道

此步道路況良好，景觀及生態皆相當豐富，沿途可欣賞斷崖地形、岩生植物。此外在入口處旁則有綠水地質地形展示館，介紹關於太魯閣峽谷的形成、岩石褶皺、斷層等地理相關知識，不妨一探究竟土地的祕密。

岳王亭

綠頂白柱的岳王亭，位處中橫公路 173K 慈母橋與合流露營區間，其名稱由來是為了紀念民族英雄「岳飛」。行走步道感到疲倦之時，在這座古色古香的涼亭中休憩片刻，欣賞自然的優美景色。

白楊瀑布

要到白楊瀑布須從白楊步道進入，步道特色為隧道多，共有 7 個隧道，最長的入口隧道達 380 公尺。過了第 5 個隧道後，即可望見白楊瀑布如從天上傾瀉而下、格外秀逸靈動，太魯閣人稱為「達歐拉斯瀑布」，意謂斷崖瀑布。

西寶國小

這裡是難以言語形容的耀眼天地，坐落於西寶臺地的森林小學。這所沒有圍牆、大門、甚至孩子們主要教室都沒有門的學校，從開放的建築形式到各種設施、課程設計、植栽分布，無不與太魯閣國家公園的生態環境融為一體。

文山溫泉

入口處於泰山隧道旁，世上少有的野溪溫泉與冷冽激流溪水一線之隔，足以列為奇景。遺憾曾發生落石崩塌奪走人命之事，雖然現被太魯閣國家公園管理處封閉，但沿步道向下行至吊橋處，觀賞天險般的地理位置與拍石激流頗為震撼人心。

西寶新心向榮有機農場

新心向榮有機農場，由農場主人陳新珠與張榮城共同經營。農場的作物不僅質量均佳，照顧土地的用心更讓當地生態豐富，因而傳出美名！目前農場只要開放農事體驗活動，便會迅速報名額滿，值得特地前往體驗。

花蓮玉里行動郵車

縱谷上的移動郵局

聽過「會自己移動的郵局」嗎？玉里行動郵車行駛在東部最美的縣道上，無論颱風或暴雨，也一定按時抵達站點，迎接需要寄信、儲匯的民眾。

狹長的花東縱谷，一側是中央山脈巍巍，一側是嶙峋崎嶇的海岸山脈，夾處於兩山之間的各個聚落，離北邊市區尚有一段車程，往南也還有一段路，往來辦事都十分不便。

位於玉里秀姑巒溪東側的193縣道沿線，就是這樣一處前不著村、後不著店的偏鄉，加上沿線聚落人口老化、行動不便，因此中華郵政特別保留了玉里行動郵車，以服務偏鄉為

理念，飽含濃濃的人情味，是目前全臺唯一的行動郵車。

宛如時光凝結的手工作業

早年在臺北內湖、臺中、高雄也曾設置行動郵車，後來因都市發展，這些路線才逐一走入歷史。一九八八年，當花蓮玉里正研擬是否要設置行動郵車路線時，臺北內湖線剛好準備撤掉，玉里郵局便順應接收了兩台來自臺北的改裝汽車，造就了玉里行動郵車的誕生。

早上九點，行動郵車從鎮上的玉里郵局準時發車，車上配有一名司機及一名窗口工作人員，負責當班的紀錦榮手捧著一籃塑膠箱，裡頭有隨身保溫瓶，還有最重要的吃飯傢伙——紙鈔與零錢，便步上車廂，準備展開上午的行程。

早晨郵車行經大禹里與三民里，主要停留秀姑巒溪河東地區的德武、春日與松浦三個里，中午延高寮大橋回到郵局，下午兩點再跑觀音、東豐、樂合三里，全日共跑十一個站點。

由於行動郵車沒有電腦與網路作業，不僅無法提供連線通儲服務，許多作業流程也保持傳統手工化。只見紀錦榮搬出一整疊厚實的戶帳卡，每位顧客、每筆存提款資料都以手寫方式清楚記錄，待傍晚回到局內再統一輸入到電腦。

與人口漸少的偏鄉同行

行動郵車一路停留的站點，包括村子口的社區活動中心、教會前、派出所或農會分部，隨著偏鄉人口外流嚴重，來辦事的民眾也逐漸減少，但郵車依舊堅守崗位，與居民們攜手同行。

從旁觀察，等待郵車的客人五花八門，有看準時刻騎機車來存款的婦人、國小替代役男來寄公文，還有單車環島的騎士寄風景明信片，也有新住民來寄信，期盼遠在故鄉的親友感受到滿滿思念。

此外，偏鄉工作機會少，年輕人大多在外地工作，老一輩們有時則會扛著當季收成的米寄給孩子，早年不識字的老年人較多，郵務人員會協助代填儲匯單、替老人家翻讀公文或政府機關寄來的信件，甚至直接替他們看信、回信。

紀錦榮指向塑膠籃裡一整疊的戶帳卡，每張卡就代表這條路線上的每位顧客，這些年來有些長者因日益年邁、生活上難以自理，在外地工作定居的子女

對於偏鄉居民來說，行動郵車是與遠方親朋好友聯繫不可或缺的橋樑

將他們接去照顧，因此層疊的戶帳卡越益稀薄。

從站點停留時間縮短，也可看出偏鄉人口流失的影子，早年大站業務繁忙，會安排停留四十分鐘，有時車子剛抵達，就可以看到村民排隊等候，業務處理不完還會拖延到後續站點時間，如今客群減少，但郵局認為即便虧錢做，仍有必要保留這條充滿人情味的路線，為偏鄉服務。

一條承載人情的郵路

前前後後在行動郵車跑了數十年的紀錦榮，對每位前來辦事的顧客都相當熟悉，紀錦榮說，這些客人很可愛，遇到大熱天，婆婆媽媽會提來整鍋綠豆湯或仙草請他們喝，也時常塞一些自家栽種的蔬菜、柚子，讓他倍感窩心。

回憶過往，小鎮地方偶有令他印象深刻的事件。記得有次接近中午，一位背著孫子前來郵車寄信的阿嬤，說孫子正發高燒，但公車還得等上多時，情急之下，他們乾脆讓祖孫倆一起搭郵車，護送他們到玉里鎮上的榮民醫院。

又有一回，約莫是八、九〇年代，當時鴛鴦大盜正暢行，他們專門到偏鄉遊說長者到市區置產。行動郵車的郵務士見到原本省吃儉用、每月固定只領數千元生活費的老榮民，突然要一次提領二十萬現金，便驚覺有異，也剛好行動郵車除非前一日預訂，平常並不會準備大量現金，因此請對方再三考慮，趁這段空檔私下請當地里長勸退老榮民，才成功擋下這樁詐騙案。

移動的郵局，四季瞥見的花東即影

日子久了，行動郵車成為村民日常一部分，從年頭到年尾，車子駛於花東縱谷間，更是貼合著村民們四季的生活脈動。

紀錦榮分享，每年六月與十二月，各為春作與秋作的稻穀收割，農民繳交公糧或賣米後，現金存款業務就會增多；此外，每年適逢金針花季，高寮社區就會像空城一樣，因為村民都跑到山上工作拼觀光了！

對當地居民生活觀察入微的紀錦榮，原先在臺北的北門郵局工作，隨後才調回玉里，期間曾當過郵差、郵局窗口，以及行動郵車的司機，最後才成為行動郵車的郵務窗口。被問及這之中的差異，他笑說，無論是擔任窗口或郵差都各有有趣之處。

當室內窗口是固定崗位，每一天都能遇見不同的客人，也能認識許多新面孔。若是當郵差送信投遞比較自由，遇到老朋友還可以寒暄幾句，因為行動郵車不斷移動，行車中澄黃的稻田、花東的山脈逐一瞥過眼前，時間過的比較快，且顧客都是熟面孔，像是坐在車子裡，一站一站去探望老朋友一般。

由於行動郵車的編制有兩位郵務士——紀錦榮與吳昌德，兩人每個單月、雙月互相輪替，有趣的是，在行動郵車上一切都是手工化，隔月回到郵局擔任窗口，前幾天得重新適應數位作業、回想電腦代碼，切換之間也是頗有樂趣！畢竟在數位化普及的時代下，已很難看見手工作業，這更是只有花蓮玉里的郵務士才有的特別經驗啊！

探訪古道與部落，品味在地人文風情

玉里走透透的郵務士推薦：想更了解玉里的風土民情，瓦拉米步道及原住民部落不能不訪，藉此可以探見玉里的日治開發史。

據說在日治時期，闢了一條八通關越嶺道路，而其中瓦拉米步道即為越嶺之東段，亦屬於玉山國家公園範疇。沿途一側是壯麗的巨岩石壁，一側是秋冬之際以楓紅點綴的青山綠樹，若由登山口信步走往山風瀑布，來回不到兩小時。

走完步道後，正好造訪卓溪鄉的古楓部落，部落族人原居於瓦拉米步道附近，日治時期才遷村於現址。如今古楓部落發展多元的文化體驗，提供導覽、風味餐，還有射箭體驗、陷阱製作、布農族歌曲教唱，以及由耆老帶領的小米酒製作。每年適逢射耳祭、小米豐收祭、嬰兒祭，也相當歡迎外地遊客共襄盛舉，來聆聽布農族動人的八部合音。

拾階登神社，遠眺玉里庄

此外，由於日治時期的皇民化運動，根據「一鄉一神社」政策，於一九二八年在鎮上建造了「玉里神社」，與八通關越嶺道路串連為一個文化系統，也是遊客必訪景點。

其實，臺灣光復之後，玉里神社在荒煙漫草中隱沒了很長一段歲月。直到近年在地的文史工作者著手整頓古蹟，才讓埋藏多時的參拜階梯、夾道矗立的石燈籠重見天日，雖然本殿及拜殿已拆除，但所在平台的地理位置佳，由此可遠眺玉里街庄。

談及日治時期在玉里所留下的人文景觀，就不得不提廣盛堂的羊羹。廣盛堂的創始人廖楊廣原居臺中豐原，一九四六年來到玉里創業，向當時仍留居於臺灣的日本人學習羊羹的製作古法，以紅豆沙、砂糖、洋菜製成質地光滑細膩的和菓子，意外讓這道東洋點心留存於後山。

山谷草地音樂節（圖片提供／富里 983）

遊到全臺郵遞區號最末號——富里

狹長的花東縱谷，玉里、富里正好位居中段，距離北端花蓮市與南端臺東市都有段距離，因此每年除了金針花季期間，多數時候少有遊客走訪，唯有在特殊活動與節慶時，才可以感受到人潮鼎沸的熱鬧。

為了讓外地客能多了解這裡，鳳成商號的老闆陳律遠與在地青年組成「富里983」，每年在二期稻作秋收前舉辦「山谷草地音樂節」，讓遊客感受富里緩慢恬適的生活步調。而取名「富里983」，是因為有天他們突然發現富里竟是全臺郵遞區號的最末號，彷彿象徵著此地的偏遠與獨特性。

此外，每年八、九月，玉里、富里兩座金針山，不到凌晨六點就擠滿拍攝曙光的人潮，陳律遠盼望遊客能多在其他季節來這裡，他認為：「避開花季，整座山頭都是你的，不是很吸引人的一件事嗎？」

輕旅主題二日遊

自然休閒風 山林部落慢步遊

行程建議

Day 1

- 璞石閣公園
- 南安遊客中心 & 瓦拉米步道
- 玉里鎮小吃

璞石閣公園

若接近中午前抵達玉里，可先走訪璞石閣公園，公園內有第二代行動郵車的實體展示，一旁也有近年成立的「東部臺灣黑熊教育館」可走逛。午餐時間則可到鎮上的「泰式小吃」品嚐異國美食。

山風瀑布

南安遊客中心

南安遊客中心 & 瓦拉米步道

飯後沿臺 30 線前往瓦拉米步道，途中經過「南安遊客中心」可在此稍事休息與參觀。瓦拉米步道沿途平緩好走，從登山口步行至山風一號吊橋約 20 分鐘，由此再至山風瀑布約 40 分鐘（可沿階梯至瀑布下方），若體力尚餘，可續往佳心參觀布農族石板屋，則需再 1 小時 40 分鐘的路程。

玉里鎮小吃

走訪步道後，正好回玉里鎮上大啖小吃，橋頭臭豆腐下午開始營業，吃完臭豆腐可至傍晚才開店的玉里橋頭麵，品嚐彈牙的玉里大麵與道地滷菜。完食後也可到廣盛堂採買羊羹，現場亦提供各種口味試吃，不妨悉心挑選。

橋頭臭豆腐

參拜道與兩旁的石燈籠

新興燒餅店

新興街燒餅 & 玉里神社

第二日一早可到市場附近的新興街燒餅享用早餐，傳統燒餅夾入創新的辣椒、豆乾、酸菜，相當美味。隨後前往位於火車站後方的玉里神社散步，拾階而上，一路充滿幽古之情，只要 10 分鐘即能抵達平台遺址，由此還可飽覽整個玉里市區、連綿的稻田、拱型的客城鐵橋，以及遠方的秀姑巒溪與海岸山脈。

狩獵文化 射箭體驗

傳統陷阱製作

古楓部落風味餐

古楓部落

中午前可驅車前往古楓部落享用豐盛的風味餐，飯後再跟著布農族耆老體驗竹風鈴 DIY，部落另有陷阱製作、小米酒釀造、傳統弓箭等遊程。五人以下用餐請於一天前預定，團體則於三天前，或至臉書搜尋「古諾楓」與專人聯繫。

鳳成商號

結束部落遊程，可往南來到富里市區，到鳳成商號享用咖啡與甜點，店內亦有玉里東豐拾穗農場以自種小麥釀成的啤酒，還有店主以無農藥、無肥料栽種的富里米可選購。

馬祖郵局
戰地裡的訊息傳遞者

每當船隻緩緩從福澳進港，遠遠就可以看見一幢封火山牆的閩東式建築，搭配鮮明的郵局綠色滾邊，這就是馬祖郵政總樞紐——馬祖郵局。

提到馬祖，許多人第一印象是「國家軍事重地」，因此當地隨處可見結構複雜的軍事建築，如地下坑道、砲座，軍民更是嚴謹守則，使得馬祖地區總是籠罩在一種神祕嚴肅氣氛中。

隨著戰火消退，軍事重地一一解禁，馬祖觀光開始興盛，無論是神秘的碉堡、閩東風情的舊聚落、醇厚帶勁的馬祖高粱，以及夢幻美景「藍眼淚」，都吸引各地旅人前來探訪，揭開戰地小島的神祕面紗。

軍事郵遞走入歷史，嶄新郵局亮相

作戰期間，訊息傳遞攸關一場戰役的勝敗，因此，郵局在早期馬

1956 年（民國 45 年）時的郵局

祖歷史上，扮演著傳遞軍情的重要角色。如今戰爭走入歷史，擁有戰地風光及自然生態美景的馬祖，張開雙手迎接觀光客，而馬祖郵局也隨之褪下軍事郵遞的任務，以在地文化特色面貌，重新亮相。

一九四九年，馬祖地區正式開辦郵政代辦所（當時借用山隴老街裡的民宅辦公），一直到一九五五年才設立馬祖島郵局，這時也是借用民宅來處理郵務，即今日品樂商店舊址。

一九五七年，第二軍郵局因任務需求成立，在兩岸軍事對峙緊張年代，臺灣和外島通訊除了軍方外，沒有電話通訊，是「家書抵萬金」真實的寫照，為了服務軍民，除設有基地軍郵局外，還有隨軍郵局，部隊到那，官兵在那，信就送到那。

如今所見的馬祖郵局，可是歷經近二十年的尋覓用地、多方斡旋才落成，由於當年軍郵設立時，腹地狹小停車不便，另覓新地辦公的聲浪從未停歇。透過幾任縣長及立法委員等協助，協調軍方的油庫及訓練用地遷移後，這才促成了馬祖新郵局的誕生。

於是在林清政建築師等設計規劃下，二〇一六年馬祖郵局以環保綠建築銀級標章的規格呈現在馬祖軍民眼前，不論室外的建築設計及內部的裝潢布置，皆以馬祖在地特色做為最高考量。所以到馬祖郵局洽公，除了可以感受各項便捷的服務外，更可以沉浸在閩東風情的辦公環境。

從年少做到頭髮花白，一生奉獻給郵局的 GAGA

回憶起早期馬祖郵局作業情況，江定豪與陳依明兩位在郵局服務三、四十年的「GAGA」印象十分深刻，無論是手工處理各項郵務，或者捲起褲管涉水運包裹，都是只有在馬祖郵局工作的郵務士，所能體驗到與眾不同的經驗。

GAGA，是馬祖話叔叔的意思，也是早期郵局工作同仁對馬祖郵務士的尊稱，江定豪與陳依明 GAGA，年輕時以差工身分進入郵局，一九五六年時服務的郵局還是普通郵局，到了一九五七年，進入軍郵時代，時任差工的郵務士也跟著轉型成軍人。

早期郵務士的工作內容，多為收信、分信、搬運包裹，並無投遞工作，當年因為部隊眾多，收分信工作也頗為繁重，尤其聖誕節前夕，全島各郵箱幾乎都塞到滿出來，而從臺灣飄洋過海來的聖誕卡片，也多到沒有地方可以分類擺放，可見當時書信往來是多麼頻繁及重要。

後來的郵務士，可說得上是十八般武藝樣樣俱全，包括處理郵件業務、包裹業務、儲匯櫃檯業務，就連點鈔都要人工處理。陳依明 GAGA 說：「記得有個星期天，我承辦儲匯業務，單單匯兌手續一天就有一百萬元的進出，當時還有十元紙鈔流通，光是點鈔換鈔就耗掉不少時間。」

還有更辛苦的事，冬天天冷時包裹要搶灘，因為潮水因素，大家要捲起褲管涉水運送包裹，若是遇到漲潮，一群人就得由舢舨與補給艦上，透過接駁網下包裹，運送郵件，這箇中甘苦，也只有他們親身經歷過才能體會！

網路購物興起，包裹數量驚人

時至今日，郵局工作人員不用搶灘運送包裹，取而代之的是網路購物的包裹業務，讓相隔臺灣海峽的本島與馬祖，可以透過郵務傳遞，享受購物樂趣、品味在地特產。

馬祖總人口約一萬多，分布在四鄉五島，商業條件與臺灣本島自然無法相比，居民也少能享受逛街的休閒娛樂。近年網

路購物興起，加上郵局貼心的與網商簽定郵資優惠等措施，馬祖郵局業務逆向成長，也讓人不得不佩服馬祖民眾的購物能力。

但由於馬祖包裹均須依賴海運輸送，若連續六天臺馬航線停航，包裹累積量便可以達到三千件以上，更遑論這兩年裡因為海象因素，曾經有三次連續十一天臺馬航線停航的紀錄，待船運開航時，包裹累積量可說是相當驚人。

此外，馬祖的主要經濟收入是馬祖酒廠高粱酒，尤其近年參加國際烈酒大賽，頻頻榮獲金獎的各種陳年高粱酒，逐漸打開馬酒市場知名度。馬祖酒廠表示，近幾年郵局廣大銷售據點的出貨量，已經成為馬祖酒廠非常重要的收入來源，由此可見郵局無疑是馬祖酒廠的最佳合作伙伴。

探索神祕的軍事景點：從勝利堡01據點出發

馬祖的軍事文化景觀密度為全球之冠。據調查，四鄉五島約有兩百六十座以上的坑道及據點，而其中與敵人有直接關係的海防據點，則廣布於馬祖各主要島嶼及沿岸區域。歷史留下了軍事遺跡，成為珍貴文化遺產，後人則善加利用，變身融合戰事、藝術及觀景的去處，值得遊客們深入「卡蹓」（馬祖話：遊玩之意）。

以南竿島來說，是馬祖的戰地心臟，而勝利堡則是南竿島的第一號據點，過去是

八八坑道現為馬祖酒廠儲酒庫房

南竿地區東、西守備旅的分界點，經過了規劃整修而成為認識馬祖軍事文化遺產的第一站。

如今，勝利堡轉型成為馬祖戰地文化博物館、概念館，館內的展示包含勝利堡介紹、冷戰時期、軍中生活、戰地政務時期老照片及珍貴影像等，並保留了當時國軍生活的各種重要空間，如中山室、槍械室、機槍射口等，深入淺出地呈現了馬祖軍事文化特色。

在南竿島四維村西北邊的翰林角，有一座地下化的防禦工事——86據點，管控南竿島西北方進入福澳港的船隻出入，地理位置重要。86據點擁有超過一百八十度的無邊視野，是欣賞海景的絕佳地點，近年軍方移撥給馬管處規劃整理，除了地下掩體工事，地上則是一片寬闊草地，委由當地藝術家經營，未來將會是藝術家創作的最佳場域，值得期待。

四維村西面的77據點，原本是防禦南竿西海岸的重要據點，除了地上的示範據點建築，更透過地下坑道深達海邊各槍炮射口，與馬港門前山坑道共同箝制著四維村芙蓉澳口。近年來，經過馬管處的整理及裝修，已從軍事地位轉型成藝文畫廊，讓人在戰爭與和平間多了許多想像，據點的屋頂，是欣賞馬祖夕陽的絕佳場域，對岸船隻往返妝點著廣闊的視野，令人心曠神怡。

北海坑道現已成為馬祖夏季音樂會的天然音樂廳

觀光亮點：世界級的軍事坑道

為了軍事需求，在金馬各島嶼都建有可供登陸艇使用的坑道碼頭，如今卸下軍事任務，這些坑道便成為馬祖的觀光亮點，以嶄新面貌呈現在世人眼前。

北海坑道於一九七一年完工，一九九〇年由於馬祖轉型為觀光旅遊發展，便將坑道移撥給連江縣政府做為戰地景點，近年來，因「藍眼淚」旋風興起，舊時戰備工事一躍為欣賞藍眼淚之必遊景點，加上北海坑道擁有絕佳共鳴場域，至今已成為馬祖夏季音樂會的天然音樂廳，吸引無數遊客駐足聆賞。

至於八八坑道，曾經也是部隊戰備屯糧場域，後轉為中華電信重要通訊設備機房，由於春天坑道潮濕，機械設備容易受潮，遂轉為馬祖酒廠儲酒庫房，由於坑道內部擁有溫度穩定的優點，反而成為極佳的藏酒所在。

現今坑道裡除了窖藏二十年以上的陳年老酒以外，更儲存著馬祖酒廠鎮廠之寶：陳年高粱酒。馬祖酒廠為了行銷，每日上班時間開放坑道供遊客參觀，遊客可以體驗戰地坑道的雄偉壯觀，更可以在遊程中品味坑道裡滿滿的酒香，這是來馬祖必遊的戰地景點。

而位於媽祖巨神像底下的門前山坑道，則是一座人造的地下掩體，順著門前山的

媽祖巨神像

地形四通八達而建，東邊可監控馬祖澳澳口，南面可管制大陸海域，西方則保衛著四維村芙蓉澳口，不讓敵人越雷池一步。

裁軍之後，廢棄多時的坑道，在修築媽祖巨神像時被重新整理，現在從東面或是北面進入媽祖巨神像時，可穿越坑道到達神像腳下，有著「鑽轎底」的異曲同工之妙，而部分坑道節點也布置著馬祖景點及活動攝影作品等，有著地下藝廊的功能。

守護海上島民的女神——媽祖

若問起海島居民的精神信仰，想必大家都異口同聲說：「當然是媽祖娘娘」。在馬祖的四鄉五島中，就有九座供奉媽祖的廟宇，其中馬祖村的「馬祖天后宮」最具代表性，而鐵板村的「鐵板天后宮」供奉了臺閩地區唯一的少

女媽祖神像。

馬祖村舊名馬港，因位於媽祖得道升天所在地而得名，馬祖天后宮正殿前還存在著媽祖靈穴，是入廟一定要敬拜的所在，參拜完後，可由四百多階的朝拜步道登上世界最高的石造神像「媽祖巨神像」參觀，二〇〇九年建造完成高度為二十八・八公尺，同於四鄉五島的面積大小，隨後實際測量面積為二十九・六公尺，遂於石像加上避雷針，高度正好為二十九・六公尺。而石像則由三百六十五塊漢白玉石所堆疊而成，象徵著媽祖一整年三百六十五天，保佑著馬祖列島軍民。

而花了五年整建，堅持修舊如故，甫於二〇一八年秋天完成整修的鐵板天后宮，則是馬祖著名歷史建築，在這裡除了欣賞閩東傳統廟宇建築特色之外，還有極具特色的廟中廟，都是朝拜天后宮時的參觀重點。

鐵板村

津沙村聚落

遊逛馬祖傳統聚落

民國九〇年代聚落保存觀念盛行，政府也補助傳統閩東式建築整修，進行聚落保存、老屋再生的工程，而後由民間業者進駐，經營民宿、餐廳等等，帶動觀光人潮，讓更多旅客駐足遊憩，認識馬祖這塊土地。

除了最為人熟悉的「芹壁聚落」外，也推薦「津沙村聚落」，津沙村是馬祖數一數二的大村落，六〇年代以後居民大量遷移赴臺，留下了許多傳統的閩東古厝。以及「四維村青石聚落」，當地居民用灰磚及青石修築的西式二層洋房，別具特色，這青石古厝的懷舊風景也成了攝影愛好者追逐的熱點之一。

看影片遊台灣
馬祖藍眼淚

輕旅主題一日遊

戰地寫實風 走訪南竿軍事景觀

行程建議

- 馬祖劍碑
- 北海坑道
- 大漢據點
- 鐵堡
- 虫弟餅
- 津沙村聚落

馬祖劍碑

當年的馬祖港是馬祖重要出入門戶，大部分的軍用補給船艦、臺馬交通，都是由這裡進出，而位於中正國民中小學正門下方的馬祖精神指標「馬祖劍碑」，就是當年國軍為展現戰地精神的標誌性建築，單手緊握著的寶劍，氣勢雄偉，頗有斬敵人於海上之氣勢。

北海坑道

因為大陸文化大革命引發局勢震盪，政府因應戰略需求，於 1968 年決定開鑿南竿、北竿及東引之小艇坑道，稱「北海計畫」。而北海坑道隨著馬祖觀光發展成為重要的戰地景觀。

大漢據點

大漢據點位於南竿島南面的仁愛村海岸線上，與 33、46 等據點監控著鐵板灣及梅石澳，戰略地位相當重要。2006 年，據點整修完成，開始發展觀光，從北海坑道廣場往南望去，大漢據點山頭稜線像極了印地安人頭像，是一處令人稱奇的大自然造物奇景。

鐵堡

當年為防止大陸水鬼摸哨與突擊，鐵堡岩礁上插滿玻璃碎片，也曾是昔日防區唯一有軍階的狼犬駐防之地。雖然目前硝煙遠離，鐵堡經過整修，已成為一處體驗戰地風情的景點。

虫弟餅

酷似臺灣美食「蚵嗲」的虫弟餅，早年確實是包著牡蠣及蔬菜等，但時空轉變，現今虫弟餅內餡已經改為細米粉及甘藍菜，加上瘦肉及荷包蛋，再裹上在來米磨成的餅皮，透過油炸，金黃酥脆的讓人食指大動。

津沙村聚落

年代變遷，馬祖地區人口外移多，卻保留許多傳統的閩東古厝，津沙村經過政府刻意的保留規劃，現在是馬祖聚落保存區之一。近年許多居民將空屋活化經營民宿，讓遊客有更多元的住宿環境選擇，值得入住體驗。

超夯打卡點

跟著特色郵筒上山下海遊高雄

高雄背山面海，族群多元風情萬種，高雄郵局從二〇一六年開始陸續設置特色郵筒，跟著它們上山下海，一趟旅遊就能面面俱到。

還記得蘇迪勒颱風過後，造成打卡風潮的「歪腰郵筒」嗎？可愛造型甚至風靡日本，成為旅客必遊景點。此現象使得郵筒的存在更有意義，帶動觀光的豐沛能量，也讓各地郵局眼睛一亮，紛紛為老字號的紅綠郵筒注入在地特色。

高雄特色郵筒風格十分多元，將原住民族的精神與傳統故事，畫在仿古圓柱郵筒上，細膩傳神的原住民郵筒，讓人驚艷原住民文化的多樣與深邃。也有為了協助地方觀光所設立的特色郵筒。例如，受到莫拉克颱風重創的寶來與甲仙，在居民齊心協力下，發掘出有別以往的觀光魅力，並設立特色郵筒為熱門打卡點，吸引旅人前往。

此外，高雄的港邊郵局向來承載著歷史及產業特色意涵，透過符合在地意象及歷史意義的郵筒，迎接遊客大駕光臨。

蚵仔寮郵局 **章魚郵筒**

蚵仔寮漁港在梓官區臨海之處，下午的魚市總是熱熱鬧鬧，不只新鮮海產，鹽酥海產攤、蚵嗲蚵仔煎攤也香味四溢，引人一步步地走向新落成的「蚵仔寮魚貨直銷中心」。

抵達大船形狀的直銷中心前，眼裡會先蹦出兩隻顏色鮮艷粉嫩，抓著紅綠郵筒的章魚向遊客打招呼，這是蚵仔寮郵局 2016 年新局屋啟用時設計的特色郵筒。

身為示範郵局，新局屋大而寬敞，民眾進來辦事時不會因狹窄而侷促；粉紅與粉黃、戴著郵帽的一對章魚郵筒象徵著郵務人員的繁忙與使命必達，不僅吸睛，也讓郵局更活潑更親民，吸引小朋友們排隊寄信，情侶與家庭駐足合照，成為蚵仔寮魚市琳瑯滿目的海鮮中突出的亮點。

貓窩狗
POST

甲仙郵局 **橘貓信差郵筒**

甲仙區除了芋頭與竹筍，還有一條深具特色的巷子。在甲仙郵局旁邊一條畫滿了各式各樣貓咪的巷子，這條巷子就是「貓巷」。

這條街承載著甲仙居民的少年時光，在甲仙還是通往南橫的交通要衝時，商家、飯館、旅社便以此區塊為圓心放射出去，前頭是做生意的店面，後門則開在貓巷，遊客多，廚餘多，野貓在此求溫飽，胖得只會走不會跳，自然也就賴著了。

八八風災後，甲仙清閒幽靜許多，往日回憶浮現，區長便號召學校、社區、遊客一同把往日情景以及甲仙特色彩繪上牆，甲仙郵局也製作了令人少女心迸發的「橘貓信差郵筒」，戴著郵差帽，睜著水汪汪大眼的橘貓，坐著等收信，萌度破表！

高雄郵局
月光精靈貓頭鷹郵筒

在進入寶來溫泉街之前，有一處幾棵大樹環繞的廣場，樹影蔭涼。一旁的紅磚屋是「寶來遊客中心」，門前有隻炯亮大眼、羽毛綠橘相間，可愛又睿智的大貓頭鷹日夜守衛在此。

這是高雄郵局 2016 年底設立的特色郵筒，讓夜行性的貓頭鷹在夜晚照看山城。貓頭鷹是布農族的送子鳥，也是嬰兒的守護神；在小說《哈利波特》裡的信使「嘿美」也是貓頭鷹，種種往來穿梭送信送包裹的印象，使貓頭鷹從茂林國家公園裡的眾多物種中，雀屏中選，成為具體形象佇立在遊客中心旁，歡迎旅人冬春之際前來悠遊寶來山城。

鼓山郵局 **仿古郵筒**

鼓山郵局的仿古郵筒，走日治時期高雅圓筒風格，郵筒旁天藍色的小小招牌寫著「高雄郵便局」，郵筒背後一張巨大的黑白影像上，一棟華美宏偉的洋樓，召喚回鼓山郵局是高雄市第一間現代化郵局的歷史。

1895 年，旗后（今旗津）設置野戰郵便局，後又改為「打狗郵便局」。然而在 1945 年美軍轟炸高雄，二層樓華麗的歐風郵便局被炸得面目全非，如今只能從轉角的郵筒、招牌與影像，穿越到日治時期想像其雅致品味了。

2017 年生態交通全球盛典在哈瑪星舉行，鼓山郵局趁此良機打造歷史性的特色郵筒，述說著隱身在現代水泥建築下牽繫高雄身世的故事。

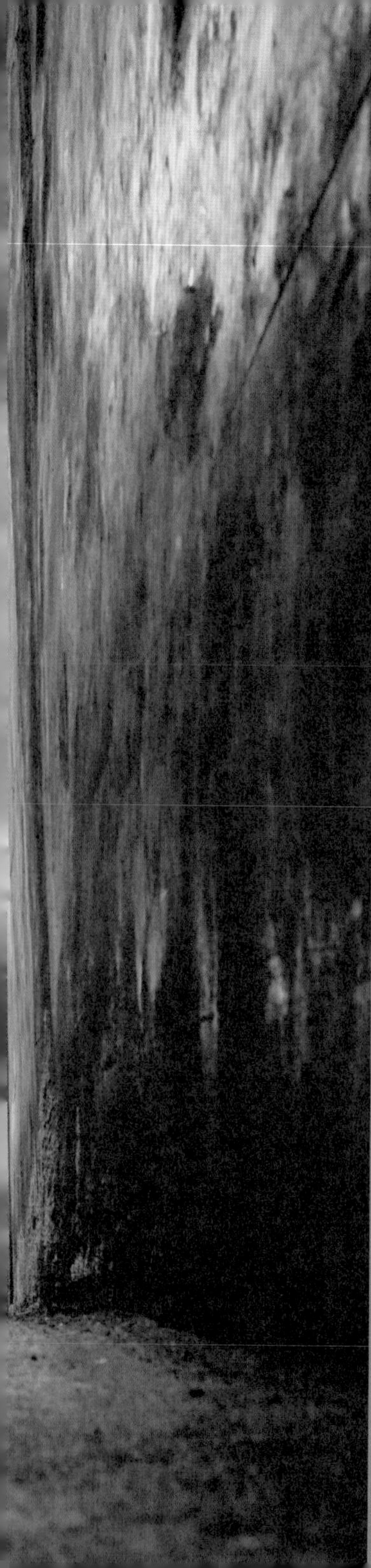

跟著名人「郵」一遊

郵局，在每個人的青春歲月中，
都曾經留下一些印象。

或者用畫筆勾勒出老郵局的風貌，
或者蒐集一枚枚價值非凡、奇貨可居的郵票。
他們用不同的方式，向書寫年代致敬，
這一段與郵局共同譜寫的故事，溫暖而動人。

攝影／廖志豪

馬祖縣長劉增應
年少時期美好的郵局回憶

對於土生土長的馬祖人、現任馬祖縣長劉增應來說，郵局在人生各階段的成長歷程中，都曾經留下深刻回憶。從兒時親友送禮、求學時與朋友間的書信往返，或者是為了在地特產的銷售與推動，郵局，一直都是重要的好夥伴。

提起郵局，馬祖縣長劉增應感性地說：「郵局對我這樣年紀的人來說，是有深刻記憶的……。」

郵局回憶，是期待、是想念、是靠山

回想起小時候的郵局，是過年過節的魔法空間，滿心期待的打開一包包從臺灣親戚家寄來的包裹，琳瑯滿目的瓜子、餅乾、糖果，滿足了物資缺乏的馬祖小孩一整年的期待。

「高中之前，因為有朋友住在臺灣，所以郵局對我來說，是每十天一航次的書信往返，捎來遠方朋友的問候以及筆友交流的年少輕狂。」劉縣長回憶。

因為在臺灣就讀大學，劉增應縣長分享，大學以後的郵局，代表魚雁往返、兩地相思的最佳寄託，若遇到東北季風吹起海運停航，「那種殷殷企盼的心情，是住在臺灣的朋友們無法想像的煎熬。」

由於早期不時需要搭乘補給艦往返兩岸，船上的包裹堆是乘客們最佳床鋪，或坐或躺或臥，在海上漂流十幾二十個小時，搖搖晃晃、七葷八素地下船抵達臺灣求學地，抑或是回到馬祖溫暖的家。劉縣長至今看見郵局白色的包裹袋，都想起它曾是年少時代往返家鄉與學校時，搭船最舒適的靠山。

福山照壁上的「枕戈待旦」，是馬祖的精神代表

便利服務，拉近臺灣本島與離島距離

隨著馬祖越來越進步，各項海上、陸上交通搭配得宜，馬祖郵局肩負起商店街的功能，舉凡鄉親的日常用品、家電食品，幾乎都靠著郵局包裹的快速輸送，以及郵務士先生的辛勤投遞，讓鄉親充分感受到郵局親切便民的服務效率，讓偏鄉離島與臺灣本島幾乎沒有距離。

為了解決馬祖郵局近一個世紀的停車不便及日益擴增的包裹空間不足等問題，以及希望帶給鄉親更方便的辦理各項郵政手續空間，馬祖縣政府積極協調軍方及鄉親的幾筆土地釋出，透過中央民代及地方議會的共同努力，爭取了一座嶄新的閩東式郵政大樓，並於二〇一六年在福澳村轟

馬祖郵局擁有閩東式建築外觀

馬祖郵局設立i郵箱，讓民眾收取郵件更便利

立，讓馬祖的郵政工作走向歷史新頁。

而中華郵政為了提供離島居民更便利的服務，也不遺餘力地在馬祖設立「i郵箱」，並在郵政大廳布置許多馬祖風情介紹，大幅提升馬祖郵政的便利性及馬祖能見度。此外，近年來馬祖酒廠的高粱酒產品，透過郵局遍布全國的銷售通路，成為馬祖酒廠最佳合作夥伴，對於提升馬祖酒廠的收益，功不可沒。

劉增應縣長表示：長期以來，郵局在偏鄉離島的服務及貢獻，過去身為離島居民的他，只覺得便捷快速，但現在擔任馬祖縣的大家長，對於中華郵政的協助，則是充滿許多祝福與感恩，希望未來雙方能透過密切合作，拉近臺灣與馬祖居民們的距離。

作家魚夫
一畫又一話，勾勒郵局建築之美

郵局之於魚夫，更多情感來自於回溯郵局建築的原貌，將臺灣歷史曾經發生的場景重現在讀者面前。

身處科技時代，多數人以數位影像記錄旅行記憶，作家魚夫卻是遍遊全臺、離島，以「畫」為媒介，透過 youtube 魚夫頻道、個人臉書專頁、著作裡，說美食、說建築，分享他眼中臺灣的過去與現在。

從漫畫家，轉職成為電視節目主持人、動畫公司老闆、大學教授到現在的作家身分，魚夫不斷地重新定義自己，最後選擇攻讀建築博士學位，在研究建築的過程中，讀到、看到臺灣歷史建築，然後開始畫實物。

從車站、郵局、學校、圖書館等公眾建築，他逐漸還原城市的歷史風貌。魚夫感

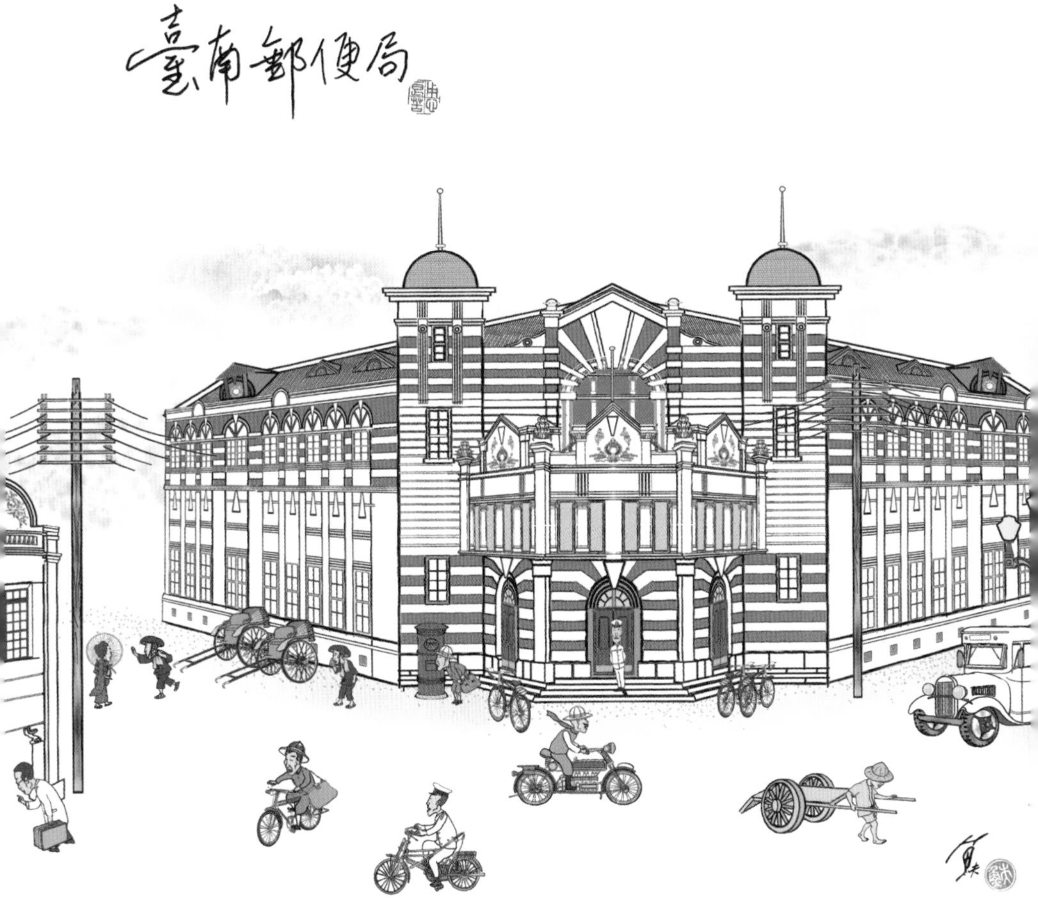

（畫作提供／魚夫）

性地說：「我會畫這些老建築，是為了讓大家知道臺灣跨入現代文明的過程。」

從建築風貌窺見臺灣歷史記憶痕跡

歲月更迭，有些建築如今還在，更多建築可能因戰亂而毀壞。魚夫參閱文獻、老照片，走訪現場，細心考證，再將一幢幢有著歷史、藝術多重意義的建築畫回來。

在最近出版的《臺南巷子內》、《臺北城・城內篇：你不知道的老建築、古早味60選》、《桃城著味：魚夫嘉義繪葉書》等著作裡，魚夫多次提到臺南、臺北、嘉義、屏東、澎湖各地的郵局建築與發展故事。

魚夫分享，根據史料推斷，臺灣現代的郵政制度始於一八九五年日軍登陸澎湖後，因為戰爭時期的郵匯電信需要，開設「混成第一野戰郵便局」，這也是臺灣最早的郵局。

經過重建的澎湖郵局，於一九二四年落成，這座建築的特色，是用澎湖當地的咾咕石切成方塊當基石，屋頂外觀形狀好似日本幕府將軍的頭盔；尖端處切出三角形，遠遠看起來像穿背心一樣，被稱為「背心式屋頂」（Jerkinhead Roof）。

相較於澎湖郵便局受到保存與重建，同樣在一八八五年建造的臺南第十野戰郵便局，也就是後來的臺南一等郵便局可就沒這麼幸運。

臺南郵便局一九七三年被拆除，改建成如今中華電信的方正灰色建築。這一座消失的美麗郵局，如今得以在《臺南巷子內》書中，看到魚夫筆下再現的臺南郵便局。

這棟建築是日本建築師森山松之助的作品，運用雙塔凸顯入口意象，基座抬高，三面山牆紋飾，猶如強調公共建築的莊嚴；外觀則運用辰野式的紅磚灰白色飾帶建築風格，彷若統治威權的象徵，但也因此導致這棟宏偉的建築遭到拆除，令人遺憾。

至於素有臺灣三大一等局之一的臺北北門郵局，則是栗山俊一的作品。建築師栗山融合如法國曼薩爾式的高牆、山牆華麗，馬背式防火牆，西班牙紅瓦黃牆等特點後，創造自己的設計風格，呈現出歐式兼具歷史元素的建築，其建築符號中，更包含新藝術（Art deco）時期的風格。

許一個十年之約，把臺灣歷史建築畫回來

聽了魚夫的郵局導覽之後，問起他眼中最美的郵局是哪一座？答案是：基隆郵局。魚夫用「美到要翻過去」來形容已經被拆除的基隆郵局，是新古典主義建築的經典作品，圓頂與高聳鐘塔，雄偉恢弘。和臺南郵局一樣，若都能保留下來，一定是打卡必到的觀光景點。

魚夫說：「未來我規劃用十年的時間，把臺灣的歷史建築都畫回來，而郵局是一定也會畫的，還要把基隆郵局畫回來，讓人們透過建築，重溫屬於郵局的美好往昔。」

集郵達人陳福壽

走過半世紀，優游於方寸間的嗜好

早年在報社工作、目前經營演藝事業的陳福壽，從童年開始集郵，如今年過六旬，這嗜好已伴他半世紀之久。

媒體人、現任旺德福娛樂有限公司董事長的陳福壽，堪稱是集郵界的達人，談起他和郵局的淵源，除了小學時期的郵局存摺本之外，一九六二年冬發行故宮五十一年版古畫，面額八角的唐太宗李世民郵票，則是他人生收到的第一枚郵票。

「我們小時候聲光娛樂少，小孩們很會自己找樂子，小學時，同學間興起一股集郵熱，把家中大人書信往來的舊信封蒐集過來，把郵票剪下、泡水將糨糊洗淨、晾乾，當成手裡的珍寶。」陳福壽回憶。

那時孩子間還發明了一種遊戲——每個同學拿出一枚郵票夾在手中，讓大家猜測

故宮古畫郵票
（圖片提供／中華郵政）

全部人郵票面值的總額，最接近者，就可以得到每個玩家贈送的一枚郵票。

從舊票到完整收藏

小學時蒐集舊票，直到陳福壽上初中後，開始會拿零用錢買些新郵票，也會訂免費刊物《集郵報導》來充實郵學知識，平日還會跟老師交換郵票。

當時陳福壽換到一套在發行當天就翻漲五倍的「清明上河圖」，這也是他第一次認知到：郵票除了收藏本身的樂趣，也是一種投資與深耕的概念。

這一路到大學，陳福壽擔任了集郵社社長，爾後他的研究所室友許仁壽還成為郵政公司董事長。出社會後，他參與了國內外大大小小的拍賣會，從一八七八年起

清朝發行的第一套「大龍票」，一路到郵政公司迄今為止所發行過的正票逐一蒐集，目前收藏的完整度可說接近百分之九十九。

美麗的錯誤——變體票

除了正票，陳福壽也鑽研讓集郵迷津津樂道的「變體票」。

所謂變體票即為郵票製作過程中所產生的失誤品。例如：印刷時不小心倒蓋、覆蓋或將字序倒置的失誤品。裁切時沒裁好，郵票邊長了一個大耳朵，集郵界稱之為「福耳」。又或者是郵票打孔時，出現的「漏齒、亂齒」等狀況。一般來說，這些「NG 郵票」郵政公司會將其報廢，但有時因未檢出而流出市面。而這些「美麗的錯誤」一旦落入集郵者的手中，反倒如獲稀世珍寶，郵政公司想收也收不回來。

不同於一般正票，「變體票」可能存世數百枚或十幾枚，甚至有的僅餘兩、三枚，而郵票的價值正取決於存世量的多寡與時間的長度，因此世界各地都有「變體票」的粉絲，像是美國知名的「珍妮倒」、「飛機倒」，亦為美國郵政機構的國寶級收藏。

此外，陳福壽感性地說道：一枚郵票或一個郵戳，都象徵不同時

上排左一是北京一版帆船三分暫作二分的倒蓋新票。左二為「限新省貼用」誤植為「限省新貼用」。左三則為圖案印反的變體票

代的印記，手持郵票、郵戳，不但可以看出那個時代流行的風潮，也可以想像著小小的「它」曾帶著某人的思念，飄洋過海、旅行各國、轉手多人，才抵達某人的手中。

又比如以前遇到戰爭期間，一封寄出的信是否能順利抵達收件人的手中全憑運氣，甚至有可能會因為陸空交通紛亂，而改走海上郵路，信件上的戳印便更異於平時了。

時間是最好的利息

從童年集郵至今，就連如今的「牽手」也是當年勤寫情書追來的，可想而知郵政公司在昔日幫了多少人傳情作媒。以前太太不明白陳福壽集郵的樂趣何在，他說：「集郵可是國際公認的王者癖好，把錢花在這項嗜好，錢還是原封不動的存在，甚至還能增值。」自認這番話似乎打動了太太，想不到太太卻回他：「我把錢拿去買鞋，穿兩次，放一輩子，也還是存在啊！」令陳福壽哭笑不得。

對集郵的人來說，時間就是最好的利息，況且，這些收藏就算沒能替他賺錢，那份初始的樂趣依舊存在，每當翻著歷年來的郵冊，每一枚郵票的由來與故事，像層層堆疊出自己的生命史。

而從古至今郵票的用紙、印刷技術、設計風格，乃至於不同年代的郵票主題，同樣反映了百年來的時代變遷，這箇中趣味，也只有集郵迷能明白了。

藝術創作者方文山
從「集郵」談收藏文化

著名歌詞創作者方文山，本身愛收藏郵票及懷舊物件，對他來說，「集郵」是一種保存記憶、記錄生命的方式。

方文山／歌詞創作家、作家、導演、編劇

中華郵政「古物郵票——青花瓷 107 年版」（圖片提供／中華郵政）

二〇一四年九月，我和中華郵政就有過一次郵票合作，開發「古物郵票——青花瓷」，採用了史博典藏精選五件青花瓷，分別為明代的「明 青花牡丹大甕」、「明 青花雙龍壽字罈」、清代的「清 青花曲唇盤」、「清 青花仕女圖扁瓶」以及「清 青花花鳥紋方圓盤」，發行郵票一組四枚及小全張一張，其中「古物郵票——青花瓷」小全張更當榮登二〇一五年「郵票選美活動」榜首，揭幕式現場進行公益拍賣，拍得資金全數捐贈社會福利基金會。

因為「古物郵票——青花瓷」的成功，我和中華郵政繼續開展「古物郵票——青花瓷107年版」合作，在原有發行規格上，首次發行小全張三連張一款。發行典禮上進行慈善拍賣，另兩百份簽名版青花瓷個人化郵票郵摺所得也將全數捐出。

有故事的收藏品，帶人們穿越時空

二〇一五年四月，我參與臺北第三十屆亞洲國際郵展並規劃了一個郵票主題攤位，當時有一項郵展相關衍生的活動，我便用手上現有的擺件為這個主題製作了昆蟲、汽車、中國風等拼貼框，裡面並不純粹只有郵票，還有和郵票相關的東西也一同呈現，甚至可以做為一個裝置藝術品。郵票本身就是一種非常豐富的文化，而這樣平面和立體的結合，也是一次頗有意思的嘗試。

談及與青花瓷郵票的兩次姻緣以及國際郵展的衍生探討，也讓我更進一步了解郵票及背後的收藏文化，每個人或多或少都有屬於自己的收藏品，但我認為，有故事的收藏品更值得珍藏，就好像時空膠囊，能夠記錄過去的回憶，縱然時空變遷、人事全非，但透過見證過某個時代，殘存下來的收藏，仍可想像那個永遠消失的年代。也因此一個民族的歷史之所以重要，是因為它提醒著我們現在所擁有的一切是歷代以來的累積，唯有重視過去，才能彰顯現在存在的意義。

結合集郵的拼貼框，記錄個人成長史

其實我從小也喜歡集郵，只是當時集郵的成本還滿高，於是促成了我對拼貼框的熱忱，和蒐集郵票一樣，譬如：紙條、電影票、收據、發票，以及各式證件等，我甚至連小時候玩過的彈珠、陸軍棋等也都有象徵式地留下幾顆或幾枚下來。

對於那些跟自己在某個時空交會過、並且產生一定意義的東西，我總會不由自主的把它們留下來，當做生命旅程中一種近乎等於個人歷史文獻般的證據。每每看到這些記錄著歲月軌跡並且毫不抽象極其具體的東西，就好像在閱讀著自己某個階段的生命一般。我會將類似主題或者在某一段時空的物品做成相應的木框展品。

這種想法也源於「如果忘記會很可惜」，所以就會想把這些記憶線索都留下來，當身邊的同學也許是完成了一本本的集郵本，而我則是一大摞的「拼貼框」。

這拼貼框裡的資料，對我而言就等同於我個人的一部成長史，如對照比擬中國的歷史；那些郵票、大頭照、畢業證書、儲金簿等；就好像是盛唐的唐三彩、南宋的青瓷、清朝時的字畫等，這些所謂的古玩字畫分別象徵著中國某個朝代，在千百年的歷史傳承下，具有不可被分割的意義。同樣的，那些成長階段所留下來的任何零碎片斷，也都是拼湊出我童年回憶版圖裡，無從取代的一塊。

蒐集老建築相關物件，為歷史做見證

我到臺北發展後有些經濟能力時，開始收藏起一些與臺灣相關的歷史文獻與民俗文物，比如門牌，在我的收藏品中有相當一部分是廣告牌與各式各樣的門牌，它們之間有一個共同性，就是絕大多數的材質均為鐵製，因為鐵的材質經歷歲月洗刷後，生鏽斑駁的質感很吸引我。一塊布滿鐵鏽的門牌，似乎

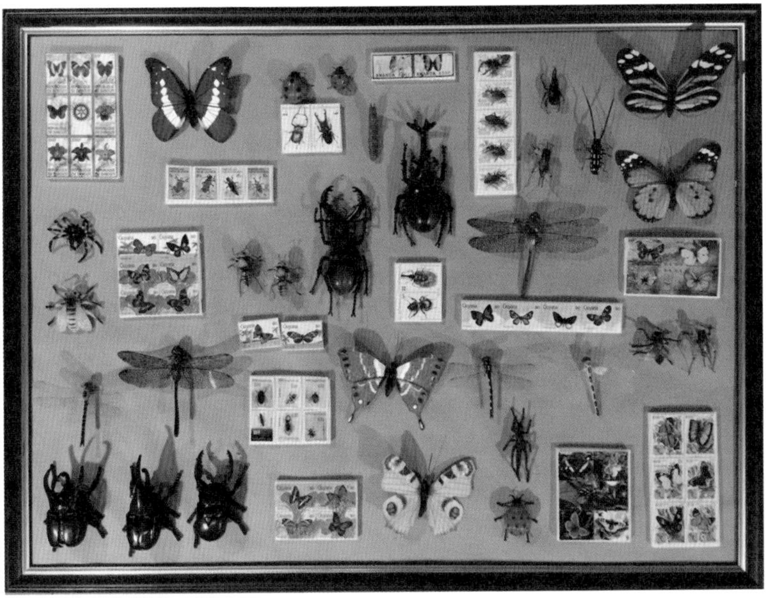

方文山的昆蟲郵票主題拼貼框

就已經有一段滄桑的故事要講。

因為門牌是見證老建築最具象的一種生活印記，在此我很難稱它為文物。門牌雖然不能算是民俗，更不是古董，甚至連民俗藝品都稱不上，但不同於一般的文史資料、民俗文物，縱使整個村莊已被拆遷夷為平地，但伴隨著建物同時存在於某特定時空下的門牌卻依然存在著，所以蒐集這些老門牌，竟也有某種搶救文物的使命感。

當然也有些人對我的收藏品嗤之以鼻，認為是一堆破銅爛鐵，但這本來就是一種生活習慣，隨手留下電影票根、名片等，不妨將這些資料文件依主題歸類拼貼成一個紀念框，如此一來，除了蒐集的東西不容易散失之外，拼貼框還具備了記錄個人成長的日記功能，甚至成為裝置藝術懸掛，美化居家環境。

對於持反對意見的人，我也只能說：「道不同不相為謀。」我那些橫跨日治時代、光復初期，一直到民國六、七十年間早期的廣告鐵牌與各式車牌，還有具有年代感的拼貼框，它們正用不同的年份記錄著臺灣過去經濟變遷的點點滴滴，可算是一種庶民生活的取樣，一種不同形式的歷史見證。

集郵，是保存記憶的一種方式

記錄的方式隨著時間一直在變化，現在已少有人在用筆寫日記，但日記幫人們複製備份記憶的功能並未被取代，只是它記錄的方式更加多元化而已。比如有人用數位相機或者手機拍下瞬間的生活點滴；有人會用插畫描繪當下的心情，這些都是很好的記錄方式。集郵做為一種傳統的興趣愛好，歷經時代的轉變，它仍以特有的魅力而留存下來，因為數位化，使得紙本越來越可貴，讓集郵成了一項非常具有情懷的學問，你可以透過集郵來了解郵票上的各種文化，甚至可以像寶貝一樣傳給子子孫孫，這些都是難以替代的珍貴記憶。

這個世代，沒有人不「集郵」。說出這句話並不是大話，而是集郵藉由網路，衍生出了各種概念，比如「合影集郵」，他們就像蒐集郵票一樣去蒐集和名人或者朋友的合影，並以此為趣。所以，今天來說，集郵的方式多種多樣。希望更多青年人也能透過集郵，將自己的記憶保存下來，透過收藏品的累積，也逐步讓自己的夢想獲得一定程度的滿足。或許現在看這些東西會覺得無聊，但五年至十年以後，回過頭看這些收藏品，就會很珍惜當下所擁有的呢！

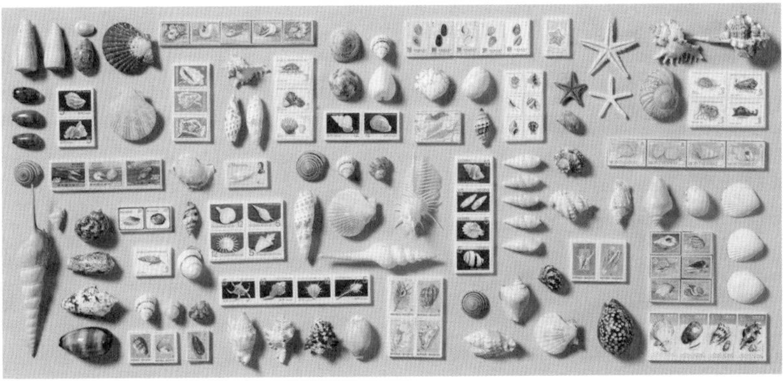
方文山收藏的貝殼郵票主題框

網紅蔡阿嘎

年年寫賀卡，寄送真情意

因為喜歡手寫卡片、信件帶來的溫度感，阿嘎每年都會舉辦「蔡阿嘎真情101信箱」賀年卡交換活動，與粉絲互動同樂，就算來信有上千封，他也親手回信，寫下對粉絲的感謝與祝福。

說起最夯的 Youtuber，大家一定會想起蔡阿嘎，二〇〇八年起，他在網路平台上傳愛臺灣的搞笑影片，創立不同系列的影音風格，不管是臺語教學：「嘎名人。尬臺語」，討論社會時事：「整個城市。都是蔡阿嘎的靠杯館」幾乎無人不知，「嘎式幽默」魅力更甚明星，深深影響著數位世代的年輕朋友。

寫字寄情勿忘我，回味書信往來的年代

「其實我不算是網路原世代，以前念高中時網路、手機還沒那麼多人使用，無論是談戀愛、聖誕節、過年都還是會寫信、寫卡片。」阿嘎覺得親筆寫信是很有溫度及

蔡阿嘎要將滿滿的賀卡寄出，回信給廣大的粉絲，一起體會寫信的美好

情感的一件事，和如今電腦打字的傳送訊息方式，給人很不一樣的感受。

面對網路與通訊軟體的普及，人與人之間的聯繫變得快速，也因此對於書信往來的需求減少很多，甚至有年輕朋友沒有接觸過郵局。

透過舉辦交換卡片活動的蔡阿嘎對此現象深表同感，他說：「我的粉絲有的是國小、國中年紀，來信時表示第一次寫信的對象就是我，甚至說他們其實不懂得如何寄信：例如購買郵票、書寫信封方式等等。」

「但是，當收到粉絲手寫寄來的卡片、書信，感謝我們的影片陪他度過各種開心或難過的時刻，我感受到的心意是加倍的。」阿嘎感性地說。

蔡阿嘎的各種郵票收藏

從二〇一四年舉辦賀卡活動至今年（二〇一九）已是第六年，或許就是因為很多人沒機會接觸，體驗寫信、收信的美好，讓阿嘎更有動力堅持做下去，與粉絲來一場更真實、更感受到彼此溫度的互動。

老派新作風：從寄信、集郵到網路購物

郵局對於每一個人都存在不同的意義與印象，而蔡阿嘎對於郵局可是有滿滿的回憶。

小時候的他其實是個「集郵控」，每一年春節拿到壓歲錢紅包時，一定會拿到郵局存起來，另外要提撥大約一千至兩千元的集郵資金儲值買郵

票，雖然大學時期有中斷過集郵，但如今的他還是習慣在年初時購買郵票冊，這可是他相當自豪的、老派的興趣。

郵局或許給年輕人的印象是有點傳統，除了寄信、儲匯以外，現在的網路購物、網路交易十分盛行，付款、取貨、退貨的便利性都是民眾實際需求。所以郵局的服務一直與時俱進，在二〇一二年，蔡阿嘎與郵局合作拍攝一支CF廣告，主打郵局代收貨款服務，讓網路購物買的方便，更買的安心。

此外還有許多新型態網路服務誕生：小額付款電子支付、行動支付、郵政網購中心……，各種豐富多元的郵務服務，都能更貼近年輕族群的需求。蔡阿嘎分享：「以老派形容郵局，換個角度想是『老字號』的意思，帶給人們一種專業感和信賴感。」

但其實仔細一想，遍布全臺的郵局，就存在生活四周，如同便利商店一樣，服務越來越便捷多元，貼近年輕人，也更像鄰居般親切溫暖，陪伴所有民眾度過充實的每一天。

2019 豬年交換卡片影片

差差攝影李翔
郵差工作，看盡人生美麗風景

善化郵局郵務士李翔透過攝影，分享郵差所見日常，記錄在地人的生活縮影。

穿梭大街巷弄中的郵差，將前輩留下的手繪路線圖烙印在腦海，在每日的騎乘中將地圖記憶在身體裡，傳遞著來自世界各地的思念與祝福，同時見證每段時期人事物的歷史與轉變。

因為送信，自然萬物都有了生命

熱愛大地、喜歡自然的李翔，有個親切的稱呼「差

差」。在送信的十三年光陰中，郵差這個身分對他來說，曾經只是日復一日，不斷與自己對話的平凡過程。

一直到他開始拿起相機後，觀察與感受力似乎也隨著快門被啟動，那些工作行程中所看到的風的流動、雲的色彩，至此都開始有了生命。街頭巷尾的花草形貌，在年復一年的送信往返間，早就在腦海中存有記憶，藉由郵差這份工作的反覆踩踏，彷彿更能敏銳地注意到它們生命週期的變化與流轉，捕捉到其與眾不同的樣貌。

李翔說，有些感動瞬間，當下就要按下快門，即使每天都會經過的路段，某些畫面、表情、場景，錯過了就不會再回頭。

而李翔的鏡頭，不是追逐華麗壯闊的場景，而是用心觀察，發現周遭細微的變化，拍下有所感動、想要訴說的故事。

「對我來說，稻田不一定要在黃澄澄的秋收時刻才美，我反而喜歡它水田的時候，倒映著天空的鏡面風景。」李翔說。

騎著郵車，李翔在送信途中，感受四季的變換，春天的綠芽、夏天的苦楝、秋天的芒草、冬天的蔥花。這些他本來就喜愛的自然景物，透過攝影留下了點滴，記錄曾存在的痕跡。

網路改變傳信方式，但情意永遠不變

在同一所郵局一起工作的同儕中，李翔屬於中生代郵差，也因此親身經歷了網際網路興起，人們對手寫信不再如以往那般期待的光景。

談起對郵差的印象，李翔分享：「小時候最期待郵差送聖誕卡和賀年卡，那時候覺得郵差是傳遞思念的使者。」

投身郵差工作後，才發現郵差是在地生活的一部分，老一輩郵差甚至都有一份手繪地圖，圖上許多小路並不存在於一般的臺灣地圖中，可能連 Google Map 都不一定找得到，而是靠著他們腦海中的印象，手繪於紙上。

而在日復一日的信件傳遞中，郵差對在地人的家庭組成及網絡也幾乎瞭若指掌，稍有資歷的郵差前輩們，不僅能將寫錯地址的信件送達收件人手中，甚至還能寫下某戶人家一家三代的族譜。

以前，李翔還曾擁有過小朋友站在門口等他送信的美好經驗，但如今這番場景則已轉換成外籍人士。

曾經有一回，他看見一名外籍勞工站在家門前等他，一收到包裹後，竟然迎頭抱著李翔痛哭，原來包裹中塞滿她遠在故鄉的孩子手寫給她的信

和照片，霎時間，對家人和故鄉的思念情懷都被觸動而傾瀉，而眼前這位郵差，就是現下唯一能傾瀉的對象，問起面對此時此景該如何反應？李翔說：「就等她哭完啊！我可以體會她的感受。」

融入在地生活，成為收件者的家人

穿梭在臺南市善化的街頭巷尾，李翔大部分鏡頭捕捉到的面容都是老人家，或許是因為白天年輕人都上班去了，也或許是從長輩身上，李翔更能體會人世間的無常與無奈。

在他的攝影作品中，有位養了兩隻鵝的阿伯，總是笑笑地看著李翔，連要送信時被他家的鵝攻擊，阿伯也用同樣的笑容安慰李翔說沒關係。雖如今阿伯人已逝去，但從影像中，他仍能回憶起那抹熟悉的笑容。

置身於常民生活之間，李翔對於人世無常感觸特別深。有的阿伯前幾天見面時還有說有笑，隔天送件時或許就因跌倒而臥病在床。有時騎經古厝大院時還在心中讚賞老屋之美，隔沒多久卻見怪手來拆除。

郵差這樣看似平凡、實則不然的身分，卻自然而溫和地融入、參與著在地人的日常，無論科技、載體如何轉變，傳遞思念與祝福的心意都不變。

「郵」情暖心收發室

小時候，最喜歡郵差按門鈴，
收信也好，包裹也罷，都像是收到禮物般，令人欣喜。

郵差，是天天造訪的聖誕老公公，帶來期待已久的消息，
郵局櫃檯窗口，是噓寒問暖的好友，總是在街口守護，不曾離開。
而收信或寄信的我們，是被幸福包圍的一群人，
因為有他們，心，總是暖暖的。

大手牽小手
家長說明會 + 學童

郵情大家庭，一家都是郵局人

在郵局中，經常可見夫妻、兄弟姊妹，甚至三、四代都是郵局人的「家族檔」，彼此勉勵相互支持，組織成「郵情有情」的大家庭。

夫妻檔×尹陽 V.S. 蔡琲琲

「郵」你同行，幸福暖心

七年級生尹陽和蔡琲琲，因為親友的分享，通過郵局招考成為郵務士；又因為郵局桌球隊的隊友介紹，相戀成為終身伴侶，中華郵政可說是最特別的「紅娘」。

尹陽、蔡琲琲夫妻都有十年以上的郵務士資歷，目前同在臺北北門郵局服務，尹陽是郵車郵務士、蔡琲琲則是摩托車郵務士。剛調過來的琲琲，雖然已經累積豐富經驗，但新路線新挑戰，她仍然戰戰兢兢地在前輩協助下，手抄自製送件路線圖，希望能快速且正確地將信件送到民眾手中。

常有人好奇問，為什麼選擇這個工作？他們有志一同地表示：工作環境單純、同仁間感情融洽、薪水制度合理、工作時間和性質穩定。尹陽說：「下班後公司還提供各種社團活動可以參加，或者自己安排學習計畫。」

以體育系畢業的尹陽來說，進入郵局之前就是桌球教練，目前也是郵局桌球代表隊，會代表郵局參加區賽和全國賽，也多次獲得不錯的成績。

問起最辛苦的事，兩人異口同聲回答「天氣」。大太陽底下，蔡琲琲會穿戴遮陽裝備，遇上雨天，也不忘幫信件披上雨衣，「信件若不小心被淋濕，可能會黏住，影響投遞。」郵務士們堅持使命必達的責任感，可見一斑。

其實，郵務士們的辛勞，多數民眾感同身受。蔡琲琲說，下雨天送信時，總會有民眾疼惜地詢問她：「下雨天還要送信哦？」尹陽則經常碰過熱心

郵局可以說是尹陽夫妻最佳紅娘，使兩人能在工作與生活道路上攜手同行

民眾，老遠聽到郵務車聲音，就趕緊回家拿一罐冰塊水，遞上讓他解渴；還有某條路線的便當店老闆娘，每次送信就會塞進一個便當到郵包中讓郵差充飢，「這不是只有我遇到過，每一位跑同樣路線的郵差都有經驗。」

此外，人們聽到打檔車的聲音，就知道郵差來了，會趕緊出來收信。小狗們卻是聽到聲音，大聲吼叫宣示主權。夫妻倆共同的經驗就是被小型犬咬，還幽默地說被小狗咬比較不痛，但遇到大型犬，就千萬要繞路走。對於狗兒莫名對郵差吼叫的習慣，尹陽說：「可能是郵差為了將信件親手交到民眾手上，會騎得離建築物很近，因此讓狗狗感受到地盤被侵略。」琲琲說：「就盡量不要看牠，不要對到眼。」

至於面對科技時代，社群軟體發達、競爭者環伺，讓郵局業務受到衝擊的困境，尹陽夫妻樂觀以對。他說：「其實郵局推出許多便民措施，在價格上也有優勢，例如『i郵箱』提供全年無休、自助領取、交寄包裹及退貨之服務，相當方便。」

此外，對於員工來說，郵局也輔導郵務士培訓取得保險證，可以推動簡易保險，讓郵差們有機會獲得更多收入，這些都讓他們感受到公司的積極作為。

兩夫妻分享，在大環境變動下，郵務士工作相對穩定，民眾收信時所表達的感謝之意，則讓他們感受到一種簡單的幸福滿足感，這正是工作最大的成就感與價值！

父子檔 × 江居萬 v.s. 江瑞斌

奉獻一生、世代傳承的父子郵情

一走進服務了二十五個年頭的羅東郵局，已退休的前羅東郵局人事主管江居萬就像回到家一般，熱絡地與共事多年的老同事們噓寒問暖，正因長年負責郵局人事，局內從外務人員、內勤窗口到約聘人員，江居萬皆如同家人般熟悉，而站在他身旁的正是大兒子——現任的羅東郵局外勤人員江瑞斌。

「對我而言，羅東郵局名符其實是個『大家庭』，除了同仁相處融洽如同家人，舍弟江居益同樣在羅東郵局服務三十八年榮退，而我大兒子江瑞斌也在二〇〇五年考進板橋郵局，二〇一一年請調至羅東郵局，至今也服務滿七年，我們家族可說因郵政事業而圓滿。」

有了江居萬（圖左）的鼓勵與支持，江瑞斌（圖右）的郵差路走得更加踏實

在郵政界服務奉獻四十一年的江居萬，自一九七三年通過郵政特考進入郵局後，從原本窮困的農家子弟，成為工作穩定的公職人員。回想在羅東郵局的時光，他最珍惜與同仁間的情誼，江居萬興奮地拿出手機與臉書上的出遊照片，說：「以前我們每年會舉辦兩次員工體育活動，增進同仁交流，即便退休多年，還是常回來跟同事們出遊與聚餐，退休人生過得比年輕人還精采！」

至於承襲父志、在郵局服務十四年的外勤人員江瑞斌，則分享剛入行的經驗：「那年剛好遇上颱風，因為沒有宣布停班，還是得出去投遞，被大風大雨掃了一整天，這是我第一次體會到郵差『風雨無阻』的精神。」他坦言曾萌生離職念頭，所幸當時的稽查因擔心他，一直留在局裡等他回來，這份關心，成了江瑞斌堅守崗位至今的動力。

「我很幸運能傳承到父親的郵政精神，繼續為郵局服務，父親的關心與鼓勵也讓我更有堅持下去的動力。」江瑞斌表示，郵差工作初期由於不熟稔技巧，時常加班，當時父親每晚電話關心，安撫他的挫折情緒，以過來人經驗，鼓勵他堅持下去，只要多方請教師傅，必能漸入佳境。

俗話說「不經一番寒徹骨，焉得梅花撲鼻香。」不論狂風暴雨還是寒流來襲，忠於職責的江瑞斌必定挨家挨戶送信，絲毫不喊苦，因而多次榮獲「模範外勤人員獎」，他謙虛地說：「郵差就是要使命必達，能為自己的家鄉服務，就是職涯最大收穫！」

郵政家族×三代同郵

一生懸命的綠色招牌

一進門，大大的檜木郵筒占據目光，彷彿是郵政家族的亮眼招牌。現任嘉義郵局企劃行銷科的許信仁科長一家五個人都吃「郵飯」。退休的許金村阿公做過郵務士與櫃檯人員；許信仁科長幾乎支局內所有職務都做過；太太龔慶鶴做過櫃檯，目前在嘉義郵局會計室；兩個兒子許哲維、許祐維分別在興嘉郵局、北社郵局的櫃檯，家庭成員比一間兩人局的編制還要齊全。

這口郵飯是從阿公許金村開始吃的。一九五六年，二十歲的阿公考上全省才一百多個名額的郵務士，每天早上八點多便騎著摩托車，從嘉義出去送信。阿公負責限時信，每天得照三個時段進局收信，有信就得送，最晚到夜間十點，沒有信時則十分自由，當時一個月七百多塊的薪水，比老師還高上許多。

歷經升等考試進入內勤做到退休，阿公很是懷念郵差生活，「送信較自由，雖然每天路線一樣，但都會送給不一樣的人。」「信是活的！」許信仁補充，「每天際遇都不一樣，一點都不會枯燥。」

而許信仁也是從郵務士做起。一開始在嘉義騎腳踏車送信，每天載著大量平信家

金村阿公收藏的郵局老照片

三代同郵的許家，阿公許金村（右二）、許信仁（右一）及龔慶鶴（右三）夫妻，以及許哲維、祐維兄弟（左一、二）

家戶戶送，在騎樓、人行道上上下下，騎壞兩台腳踏車，「那時二十三、二十四歲體力還很好！頂著大太陽一送就是三個半小時也不嫌累。」

企圖心旺盛的許信仁，一路從郵務士考進業務佐、業務員、高級業務員，到行政部門，還擔任過文化路郵局的經理。每個職位都有不同的難題，他不僅全力以赴，還時常要求自己向上提升接受挑戰，現在身處需要靈活創新思考的企劃行銷科，就是郵局百年名店裡的新興單位。

許信仁的妻子龔慶鶴，與他同時進入郵局服務，因為話題相通，上班下班都在聊郵局，認識不久就結婚了。「郵局裡很多夫妻檔、父子檔，彼此經驗傳承。」許信仁補充。

做為經驗豐富的前輩，許信仁夫妻也會對兩個兒子「技術指導」，時時提醒要融入郵局生態，建立正確的工作態度；遇上難題時，兄弟倆也會和爸媽討教最適當的處理方式。

例如：難免會遇上比較刁難的客人，但還是要保持服務精神，「有好的交流，客人就會像老朋友一樣，走在路上都會互相打招呼。」許媽媽的櫃檯經驗豐富，說到早期盛行大家樂時，一眼就可以從進來的歐巴桑表情判斷她要領錢還是存錢，「窗口很好玩！」不過兩兄弟想到此境界恐怕還得磨個十年。

許家兄弟哲維、祐維順利考上郵局後，以前父母親的同事，現在變成自己的同事，「有一種很奇妙的感覺，他們都看過我們小時候的樣子，很有親切感，但記得要叫他們姐姐或大姐，不能叫阿姨喔！」大哥哲維笑著說。

父母不只是前輩，也是榜樣，「以前聽他們聊工作不覺得有什麼，進入郵局後，才知道爸媽的厲害，有種要顧好郵政世家口碑的使命感，我們的言行舉止就代表許家，一個人的表現等於全家人在郵局的表現。」「因為有爸媽當作學習對象，給我們正向的力量，就會想繼續待在郵局。」兩兄弟崇拜爸媽、珍惜郵政家族名聲的態度顯露無遺。

一家人三代同郵，許信仁特地請人寫了一幀書法掛在客廳，大大的「橋梓同榮」勉勵父子三代在郵政工作上發光發熱，旁邊內含許信仁名字的藏頭詩：「信籌郵政，夫妻協成。仁佑德家，雙子繼興。」則是夫妻倆一生奉獻郵政，並期待兒子們承襲衣缽，盡心盡力，繼續一同擦亮這塊百年綠色招牌的見證。

臥虎藏龍的郵務士

郵務士們面對忙碌工作，始終樂在其中，
用心發現送信途中的人事物美景，
品嚐周遭環境為生命注入的甘美滋味。

嘉義阿里山郵局發哥

是郵差，是巡邏員、Google 地圖、人形立牌

「人家都叫我發哥，周潤發的發，全阿里山都知道發哥。」他是胡金發，從一九八六年考上郵局之後，就一直服務至今。

在郵局服務三十二年，發哥主要送信區域有中山村、中正村與香林村。每天路線固定，機關有公文要處理先送，再來是商店、住宅。夏天居民們看他汗流浹背會從冰箱拿出一罐飲料請他喝；冬天寒風凜凜便端出一碗熱紅豆湯，有時還有熱茶、水果。

若是在送信路上遇到迷路的遊客，看到發哥簡直像看到救星，一個箭步便衝上前問路。還有來旅遊的外國人，因為在臺灣沒看過郵差，而且還是在海拔這麼高的地方，就會像發現稀奇野生動物般，簇擁上前拍照，發哥雖然來者不拒，但信還是要送，沒時間合影的時候，就只好笑笑說抱歉了。

偶爾也會發生一些緊急狀況，曾經就有老人家暈倒在發哥送信的途中，他便立即通知救護車把患者送到衛生所，或者需要匯錢、寄包裹卻行動不便的長輩他也會幫忙。每天每天，發哥不僅僅送信，還成了盡責的巡邏員、Google 地圖、人形立牌，照看著村民與觀光客的大小事。

對阿里山一草一木都瞭若指掌的發哥

發哥也像是個鬧鐘。在他的桌上擺著香林國小學生們送的大卡片，上面寫著：「感謝發哥，無論天氣好壞，都準時送郵件，非常辛苦。」每天發哥總是同一時間抵達，「他們睡午覺醒來，一聽到機車的聲音就知道我到了，全校我都認識，都叫得出名字。」

年復一年送信，也年復一年看著國小學生從一個年級兩班、一班五、六十個，到現在一個年級只剩一班、只有三、四個，時光的流逝與變化在阿里山上、在發哥眼裡，更顯劇烈。

屏東枋山郵局阿熊

不辭遙遠、奔馳在最美的一條送信路上

由於枋山鄉、春日鄉及獅子鄉人口及鄉鎮規模不大，郵件量不多，因此三個鄉的郵件都統一由枋寮鄉的枋寮郵局配送，在枋寮郵局工作的郵差阿熊，也因此上山下海，感受到送信途中的美景。

阿熊現在負責的路線，是獅子鄉的草埔村、內文村，與春日鄉的士文村，雖然遠但路程景色優美。從枋寮騎經枋山的路緊貼海岸線，早晨一望無際的藍，豐富了騎車路程。而轉進臺9線，便從海邊轉進山裡，一路往東，草埔村緊貼著山與路之間，聚落則沿著山坡建立，說是上山下海送信，一點也不為過。

阿熊分享：「我的責任區有一段最美的送信路程，就是199縣道。」一位於南橫臺9線往屏東邊界壽卡的199

要上山下海送信的阿熊，用心體驗路途的美好風景

縣道，是一路九彎十八拐的山路，摩托車滑順輕巧地騎著途間，一轉彎視野大開，山坳間的蔚藍太平洋開展得格外遼闊。

「每次騎到這我都會暫停一下，享受遠方美景，吹吹山風、海風，日常煩雜的心情也平靜下來，這條路真的超美。」阿熊說，無論晴天或飄著細雨，縣道始終風情萬種，而這種片刻美景相伴，也在他忙碌的送信日常中，注入一絲甘甜滋味。

屏東郵局邱佳偉

明星臉郵差，穿梭巷弄見證城市進步

服務於屏東郵局的邱佳偉，因為有張酷似賀軍翔的明星臉，被請來代言枋山洋蔥禮盒，也因此意外爆紅，成為屏東郵局推廣在地特產及活動的代言人。外貌出眾、又擁有好學歷的他，退伍後，毫不猶豫回鄉工作，用毅力證明高學歷也能刻苦耐勞。

邱佳偉是在地的屏東囝仔，高中畢業後便北上讀書，碩士畢業退伍時正值金融風暴，大環境景氣不佳，便想先回南部與父母作伴。考上郵務士之後，高學歷的他起初得面對身邊親友傳來：「這種辛苦工作，高學歷做不久」的刻板印象，但他不服氣，覺得「別人可以我也可以！跟學歷沒關係。」

回首過往，邱佳偉在郵局服務已邁入第九年。想起菜鳥時光，他說：「第一年最

邱佳偉協助屏東郵局推廣在地農產品

辛苦，因為不熟悉環境，動作又慢，摸黑送到很晚，回家睡個覺隔天又要上班，真的很累。」但慢慢地，邱佳偉不但逐漸熟悉工作，近年來公司針對送信業務進行流程改革，也使得送信效率大幅提升。

離開臺北的繁忙生活返回屏東，邱佳偉感受到生活速度緩和許多，現在也愛上南國的緩慢步調，並在送信過程中，見證城市的進步與改變。

例如，屏東火車站進行火車高架化工程，有許多土地徵收的掛號信，期間他穿梭在火車站周遭，看著周圍的房子、火車站體一點一滴被拆除，夷為平地後，又一點一滴地長出來，直到完工啟用，全新面貌令人驚艷。

但若是送拆遷通知公文到住戶家中，就得接收抱怨，這些生活中的好與壞，邱佳偉都看在眼裡，箇中人情流轉是最真實的體會。

送信過程中，街道漸漸認識是必然，附近居民也漸漸熟悉，尤其有許多獨居高齡長輩，會天天出來收信，也跟邱佳偉培養出如祖孫般的情感，「這些相處日常點滴，讓我更珍惜將每封信送到收件人手中的時光。」

雲林北港郵局杜建旻

畫家轉行，用畫筆訴說郵差工作點滴

綠色老郵筒、制服外套、散落桌面的信件，都像極了真實的場景，這幅《傳遞信件溫度與記憶》畫作，筆觸立體生動，所有物件彷彿躍出紙上。

他是杜建旻，原為畫家，從事美術教學，也曾榮獲臺南美展首獎，然而在年過三十後決定轉行。「我想給自己新的嘗試，因為我知道無論做什麼，想要傳遞給大家的是對工作熱情與正向態度。」杜建旻說。

從畫家變郵差，工作轉換難免有磨合期，剛開始到郵局上班的杜建旻，也度過一段不太習慣的日子。以前自己一邊畫畫一邊教學生，多半是靜態工作，當了郵差後，必須外出送信，也得忍受多變的天氣，不過他認為許多事情要多嘗試，別太早下定論，只要放

《傳遞信件溫度與記憶》的畫作，是杜建旻筆下的郵差工作寫照

開心去享受，自然有好結果，現在的杜建旻很喜歡這份工作。

「我還是很喜歡畫畫，即使當郵差，也不會改變畫畫的習慣和初衷，這已經成為生活的一部分。」杜建旻表示因為工作關係，只能利用下班的閒暇時間作畫，但每一筆、每一畫，都飽含著他想傳達的溫暖情意。

這份情意便是希望每個人都能多觀察與關心生活中的人事物，像他是透過郵差工作認識更多親切可愛的居民與同事，因此用圖畫描繪出郵差的日常樣貌，也期盼著畫作能夠喚起大家對寫信、收信的記憶，一起找回那些單純的感動。

臺中大里郵局施季寬

結合興趣與工作，樂高達人變郵差

「我玩樂高跟郵局息息相關」，施季寬賣個關子笑道。原來他從小就愛玩樂高，家裡累積了一堆有價值的樂高老零件。剛退伍沒有工作，還曾經變賣部分當生活費。只不過，賣的同時又被新的樂高盒組所吸引，怎麼辦呢？

剛好那時郵局招考，他下定決心認真準備，好不容易考上後，他內心歡呼，「耶！我終於可以繼續玩樂高了！」然後立刻戰戰兢兢地投入工作，一絲不敢懈怠，施季寬說：「因為郵差都要騎打檔車，我還跑去找以前大學學弟借車子練習，如果不會騎把車子弄壞很麻煩。」

施季寬回憶，剛入行時，每天五點多就到郵局報到。上班第一週師傅帶領把整個排信、送信流程跑一次，六日放假時，還自己騎車跑一趟複習。儘管工作不輕鬆，儘管要花時間學習，但有穩定收入，讓他能重拾樂高，一直玩下去。

施季寬喜歡用樂高零件設計出各種有趣的造型。二〇一五年，臺北街頭有兩個郵筒被颱風吹落的招牌砸中，成了「歪腰郵筒」，他覺得有趣，便拼出迷你版本。湊巧有朋友在百貨公司舉辦積木玩具大展，邀約參展，就此一炮而紅。

總公司知道了，決定提供材料經費，請施季寬再做一組大型歪腰郵筒。他花三個月用約一萬片積木完成，再次登上媒體版面。之後，中華郵政正在興建大型物流中心，也請他製作成樂高模型供民眾觀賞，這次更是花了一年多的時間，用了五、六萬片積木才完成。施季寬在郵局服務剛滿十年，期間，他從單身成為人夫、人父。儘管現在下班時間都忙著照顧小孩，幾乎沒辦法玩樂高，但幸好有郵局這份工作，不

施季寬用積木拼出郵局工作點滴

但支持他的興趣能長久延續下去，在結婚生子等人生重要階段，也是重要支柱。

臺中大里郵局吳松澤

熱愛郵差工作，送信當作服務民眾

從工作中找到樂趣的，還有另外一位大里郵局的郵務士吳松澤。機械碩士畢業的他，畢業後雖然從事過木工工作，但工作不穩定，決定報考郵局。面試時，原本長官們不太相信吳松澤能耐得住辛苦，後來他帶著木工證面試，證明自己吃得了苦，才獲得主考官們的肯定。

看待郵差這份工作，吳松澤有著不同於別人的視角，「我一直覺得郵局是社會型企業，我不是來這邊替公司賺錢的，是來服務民眾的。」

吳松澤個性健談，送信時間夠的時候，看到住戶就閒聊兩句，時間久了，誰住哪裡都知道。好幾次在路上看到老人家身體不適，或許血糖過低、或許騎腳踏車摔倒，還有失智老人一出自家巷子口就什麼都忘記了，他總能夠憑著記憶找到長輩家人協助。

大里是臺中人口第三多的行政區，從山區、市區、傳統巷弄、公寓大廈、工業區通通都有。有次吳松澤送藥品到山上，住戶收到時非常感動，原來家裡小朋友的藥吃完了，再沒收到就沒得吃。還有位住山上的阿嬤，每次都買拜拜的香送到家，看到吳松澤送香過去時就很開心。

雖然是職責所在，但吳松澤很喜歡看到民眾收到信件及包裹時，臉上、嘴角所泛起的微笑，感覺自己被民眾信任，將生活所需物品，不負使命準時送達，這也正是郵差這份工作所帶來最大的成就感。

吳松澤熱愛郵局的工作，公司開設的勞教班更是讓他受益匪淺。視員工需求所開設的課程，有英文、日文、太極拳、烏克麗麗等等，就像學校社團一樣，收費便宜，還可以認識許多同事。從以前就想學薩克斯風的吳松澤，進郵局工作兩年後，才報名參加薩克斯風班，至今已經學了三、四年，是工作之餘的最大享受。

吳松澤將郵差工作當作一種服務與學習

面對辛苦的郵務士工作，熱情爽朗的吳松澤，依舊抱持正面樂觀態度以對，他形容：當郵差就像念大學一樣，做好該做的事，不會被束縛在辦公桌前，又可以跟人群互動，獲得工作上的價值感與成就感，實在是一份幸福工作。

我「郵」好鄰居，時時守護揪感心

無論儲匯或郵務，郵局櫃檯窗口總是第一線協助民眾處理事務，他們守護在此，與周邊鄰居們建立了如家人朋友般的好情誼，也寫下一篇篇在地且動人的日常故事。

宜蘭三星郵局陳塘明

待客如家人，郵局就是大家庭

「坦白說，能夠進入郵局服務，我滿心感恩。」曾在三星郵局服務長達三十二年的陳塘明泛紅著眼眶，對我們訴說著他的人生故事。

回想三十多年前，高中畢業的陳塘明隨著兄長從事室內裝潢工作，起初賺了些錢開始自行創業，卻不幸遭人惡意倒帳，「當時家裡還有妻小要照顧，我完全不知該何去何從。」

但他並沒有被人生低潮所擊倒，因緣際會下，得知郵局正在招考新進員工，於是下定決心埋頭苦讀三個月，果真皇天不負苦心人，於一九八六年考取三星郵局，自此扭轉了他的人生際遇。

「考進三星郵局後，我有了穩定的工作，性格隨之沉穩，生活有保障，更有能力照顧家人。」回憶起三星郵局職涯他仍感慨萬分。

待人和氣做事熱忱的陳塘明，當時負責儲金、匯兌與保險等業務，「三星務農人口多，人情味純樸濃郁，大家都認為郵局是永遠可信賴的儲金機構。」陳塘明說。很多客戶寧可來郵局排隊辦理業務，也不會去鄰近的信用合作社，因此他十分看重客戶所託付的信任感，就任期間，善盡管理人的責任與義務，保障民眾儲金之安全，盡心為民眾處理壽險投保、保險理賠等事宜，才對得起客戶的信任與交付。

「壽險業務下班後才能拜訪客戶，假日我都會走訪客戶家，教導他們正確的保險觀念，萬一家裡有事，郵局的保障能夠及時照顧家庭，久而

陳塘明與老顧客阿佩溫馨合影

久之，客戶也相當感謝郵局的幫忙，我也因此結交到許多好朋友。」陳塘明說。

陳塘明也分享了一個溫馨小故事：「有位住在附近的獨居身障朋友阿佩很喜歡來三星郵局，每天都會來串門子，因為郵局同仁就像家人般照顧她，噓寒問暖，還會請她吃點心，她常對著窗口同仁說『我愛你！』我想她想表達的，其實是愛郵局所帶給她的溫暖吧！」

採訪當天，阿佩正巧在局裡，一見到陳塘明就像見到家人般熱情地上前合影，真情流露令人動容，也讓我們現場見證屬於三星郵局的人情溫暖。

中和中山路郵局莊進輝

沒有距離的窗口服務，讓人感覺好溫暖

人稱「輝哥」的莊進輝，十八歲便已進入郵局工作，如今五十七歲的他，每天依然在窗口用那爽朗親切的笑聲迎接每位顧客。

郵局窗口的服務內容十分多元化，舉凡收寄信件、包裹、儲匯、壽險皆可辦理，而坐在窗口的工作人員，除了展現業務專業之外，竟然還提供「心理諮商」服務？

莊進輝表示，因為工作特性，郵務窗口接觸對象主要是一般民眾，每天遇見形形色色的顧客實屬正常，雖然大部分的客人都相當客氣和善，但也曾經碰到不少狀況較

特殊的民眾。

例如：曾經有位婦人，因為不滿到郵局 ATM 提領不到現金，憤而拿取穢物潑灑 ATM，導致機器損壞，事後發現婦人戶頭裡並沒有錢，只是因為精神狀況不佳所造成的脫序行為，而且類似事件一連發生過好幾起，讓郵局及警務單位不勝其擾。還有一位從事出版業的老闆，因為工作不順，導致情緒不穩的狀況，便頻繁地客訴各處郵局，造成大家的困擾。

總是笑容滿面的莊進輝，親切十足

針對這兩個案例，莊進輝主動請願去接觸客人，花時間和他們聊聊天，聽他們說話，拉近彼此距離，扭轉其負面情緒，而脫序事件及客訴情形，也逐漸好轉，莊進輝說：「大家都是人，肯定有情緒低潮的時候，只要發揮『同理心』去理解對方的想法，就能友善溝通。」同事們都表示：「輝哥非常有耐心與同理心，特別刁鑽的客戶，他都會主動協助，而且都處理得很好。」

「人與人之間的相處關鍵在於『信任』，只

要真心誠意付出關心，時間一久自然會贏得客戶信任，進而介紹親朋好友，成為客戶，現在我手上就有許多客戶都是別人介紹的，未曾見過面，前陣子還和一位來往六年的客戶第一次見面，相當開心！」

莊進輝特有的熱情服務與同理心，溫暖及感染身邊的每個人，不但與客戶變成好朋友，也深獲大家的信任，展現出人與人之間最真摯美好的友善互動。

臺南地方法院郵局王佩宜

樂天知命的她，讓每位顧客都笑著回家

因椎間盤突出，導致雙腳踝失能而無法長時間站立與行走的王佩宜，過去曾經從事作業員、業務助理的工作，三年前她下定決心，報考中華郵政為身心障礙者特設名額的內勤櫃檯，終在二〇一八年錄取，分發至臺南地方法院郵局。

開啟嶄新工作的佩宜，帶著當時報考的衝勁與熱情，學習各種業務。「我很幸運遇見很棒的團隊，給予我各種協助。」由於她行動較為不便，遇到需要搬重物、大件包裹時，同事主管一定站出來幫忙，讓她倍感溫馨。

「其實我的外觀看不太出來行動不便，短距離走動時才會被注意，印象深刻的是有幾次顧客突然出聲問我『你受傷了嗎？腳怎麼了？』，當下心裡很感動。」佩宜表

示過去的工作，與人的接觸沒那麼頻繁，而現在在郵務窗口工作，反而能更深刻地感受到人和人之間的溫度。

她也分享：「因為郵局位於法院裡，經常會遇到需要處理存證信函事宜，有些人一進來就愁容滿面，這時我會更加注意對方的情緒，用親切的口吻與服務態度應對，讓他們能帶著笑容回家！這也帶給我很大的成就感。」

從佩宜身上能看見「身體的不便，不會阻礙人們前進腳步」的精神，她也始終帶著互助理念，提供客戶最真摯的關懷，並以充滿活力、樂觀心情為大家服務，讓郵局不只是郵局，更是一個溫暖的所在。

發揮同理心關懷顧客的王佩宜（攝影／黃榮賢）

附錄：網路徵文

轉角就「郵」愛！

我與郵局的123事

無論我們身在何處，總是能找到高掛綠色招牌的郵局，以及佇立街角巷口一紅一綠的郵筒身影，一直為人們傳遞著愛與思念，陪伴我們走過一百二十三個年頭，更參與許多人的日常生活，共同寫下一篇篇溫馨感動的生命故事。

簡嘉君×寫給親愛的郵差先生

暖心郵差，不會忘記你的名字！

「羅○○，你又在放空了喔？」據說這是郵差先生每次經過我家，看到媽媽坐在沙發上看電視，會對媽媽說的話。

那天，媽媽在廚房忙著煮菜，於是，我拿著媽媽的印章衝向門口等著拿掛號信。郵差正在熱絡地跟鄰居阿嬤聊天。

鄰居阿嬤說：「啊喲，上次在路上看到我，還連名帶姓叫我名字，嚇死我了，我還以為是誰。」年輕的帥哥郵差露出頑皮的笑容。

是的，據媽媽說，他記得這裡每個住戶的名字。對於常年居住在新加坡的我來說，這位親切的郵差真的讓我印象深刻。

謝謝這位郵差先生。臺北市信義區永吉路因為有你變得更溫馨了。

蘇聖仁郵差與羅媽媽合影

歐碧貞×寫給用心服務的櫃檯窗口

感謝有你，貼心守護老兵存款

在桃園地區有位老兵住院，看護趁機拿著印章、存摺偷領存款，幸好郵局人員用心，得知老兵獨居無親人，因而機警偷偷聯絡醫院，查證老人家其實送醫時已意識昏迷未醒，隨即回絕領取，並及時通知醫院協助更換看護。

如此親切用心服務的事件雖已過十餘年，卻是永遠難忘的記憶。我是院方的聯繫人，感謝桃園大溪員樹林支局徐小姐。

黃淑真×寫給相愛相守的我們

有郵就有愛，封藏情書的相思木盒

民國六十年（一九七一年）我認識了他，抽中「金馬獎」的他被調往很遠、很遠的金門，只見過一次面的我們，卻覺得很談的來，於是我們書信往返幾乎成了筆友。

一年後的暑假，我參加學校舉辦的金門戰鬥營，加深對他的好印象。當時沒有網路，任何資訊如報考研究所或謀職之類的事一定要靠書信聯絡，所以在金門當兵是他人生的低潮期，後來才知道當時我的信帶給他極大的鼓舞，讓我們能正面思考，面對所有困境。

書信內容不外乎是碉堡裡如何度過沒電的每個夜晚，養的狗偷吃雞，被老兵抓去宰了、怎麼度過今天的莒光日、今天又是單打雙不打（逢單日砲擊、雙日不砲擊）。我則報告學校考試狀況、第一次刷手（手部消毒動作）被陳P轟下來哭的像淚人兒、

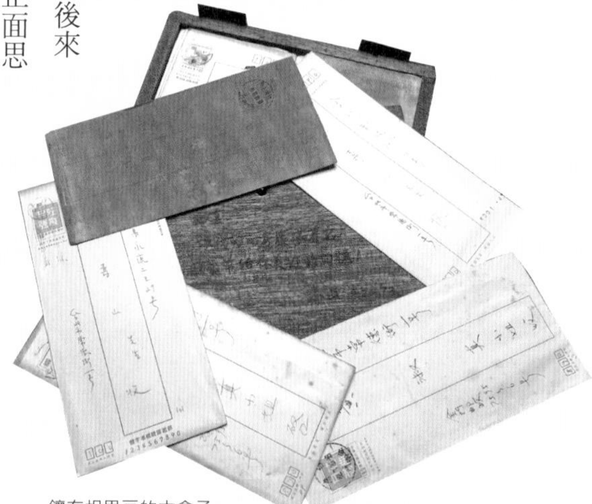

鑲有相思豆的木盒子

半夜裡被舍監叫起來，去開刀房準備腎臟移植等等有趣的事，這一切的一切都在書信裡鉅細靡遺。

我們期待綠衣天使的到來，也曾經在颱風天後一口氣來了五封情書，想到這些兩地相思的甜蜜往事，心裡就暖暖的。

兩年後他退伍了，因工作關係一南一北，還是持續書信往返，民國六十三年底（一九七四年）結束兩地相思的日子，他用心訂做了兩個鑲有相思豆的木盒子，這是三百多封情書的終點站。

現在我們到了古來稀的年齡，由相識、相愛、結婚生子、含飴弄孫，互相扶持一輩子。感恩有你，有郵就有愛，謝謝你。

在郵局裡，滿載與母親的美好回憶

許博智×寫給最偉大的母親

其實看到這個徵文（與郵局的123事）的時候，我就知道我是一定要寫的。寫之前百感交集啊！但我知道這是母親要我記錄的時刻。

母親生我的那一年，考上了郵局，她很開心但也開始擔心之後沒有辦法全職的照顧我，她下班後總是第一時間就去奶媽那裡把我接回來；兩歲半進托兒所，她總是躲

許博智母親相片

在外面偷看泣不成聲，擦乾眼淚又趕去郵局上班，下班後又急著來接我，這樣的生活一直持續到我和姐姐在同一個小學，下課後終於可以自己走路到郵局，因為離學校很近，母親為了方便照顧，選擇在那裡努力上班。

我們姐弟倆，尤其是我很喜歡去郵局，因為郵局的叔叔阿姨們都對我們很好，每次都在那裡寫功課等著母親下班，又有東西可以吃，是一段美好的回憶。

我也因為母親的關係養成集郵的好習慣，以前的集郵本至今仍然收藏著，也收藏著這期間與母親的所有回憶。

高中前一直讓母親安心的我，開始因升學壓力而不想念書，直到出社會、結婚後仍然發生了許多讓母親擔心的事情，但她依然在郵局服務到退休，不像我換了許多工作，創業也不算成功！

母親從郵局退休後，馬上投入幫忙姐姐和我帶小孩的工作，而我也知道母親因為我的工作不穩定仍然一顆心放不下，而我卻沒有多加關心她，在前幾年也許是積憂成疾，某一天母親就突然地離開我們了！

在辦完母親的後事後，偶然間收到郵局的通知，母親竟然還替我存了一筆存款，讓我真的泣不成聲⋯⋯。

母親的偉大與奉獻，身為兒子的我已無法用言語和文字來表達歉意與感恩，只能用餘生盡全力地做好她所教育的每一件事情，希望來日在天堂相見的時候她能夠以兒子為榮。

明信片，帶我遨遊全世界

黃家瑜×寫給年少的自己

寫下那組陌生的異國地址及名字，貼上精選的郵票，將手中可以代表這座島嶼的明信片慎重地投入鮮亮的紅色郵筒，靜靜等待它飄洋過海，順利送達遙遙彼岸那位新朋友手裡。這是我高中三年每日的期待。

下課後和三五好友騎著腳踏車，在回宿舍的路上特意繞到學校旁的郵筒，各自掏出一兩張明信片，寄給在 Postcrossing 網站上隨機抽中、素未謀面的有緣人。

每次，我都為抽地址感到興奮異常，若抽中自己特別好奇的國家，大夥兒會在寢室裡又跳又叫，比中樂透還雀躍。像是第一次寄信到土耳其、約旦、印度和捷克，我

來自世界各地的明信片

特別去查了當地的問候語，寫在信件的開頭上，或看過網站上對方的簡介，就跑到書店尋覓對方會喜歡的明信片。

住宿舍、吃團膳的我平時花不到什麼錢，而這些二三十元的明信片和一枚十二元的郵票就成了我平常自娛的主要開銷了。

除了傳達問候與祝福，我也不忘介紹明信片上的圖案，有時是傳統節慶和在地文化、有時是島嶼上的山海美景，每一張都是關於臺灣的小故事。每次看到我們這一群女孩吵吵鬧鬧地跑進郵局，郵務大哥都心有靈犀，直接熟稔、瞭然地攤開琳瑯滿目的郵票冊，還笑著說要挑最好看的郵票讓我們寄到國外。

有時甚至會幽默地點評起我們挑郵票的眼光，忍不住再到背後的矮櫃翻找更多郵冊供我們精挑細選。那幾年寄出的上百張明信片之所以能妝點得格外亮麗、獨特，郵務大哥實在功不可沒。

而週末回家的時光，就輪到我享受收信的喜悅，每當順利寄達一張明信片，就會有人在世界的某個角落抽到我的地址，開啟另一張明信片的旅程。這些珍貴的明信片就彷彿帶著年少的我環遊了世界，可以延續地理課本，滿足了我對教室外更廣大世界的好奇與嚮往。

因此我想對郵局誠摯地說謝謝，是你們圓了我少時的世界夢，讓我在埋首書堆的同時依然能深深感受世界的新奇。

郵遞萬里情，體會收信寫信的溫度

蕭宇亮✕寫給喜歡寫信的人

剛帶部隊從坑道作業區回到連部，就看見排附手上拿著一張紙，向我小跑步過來。「排仔，我太太又來信了，麻煩幫我讀一下」，他一臉期待笑著說。

民國六十八年（一九七九年），我當時是預備軍官少尉排長，內湖工兵學校受訓半年後，神奇的抽中「金馬獎」，結訓後不久就跟著部隊移防馬祖南竿。

服二年兵役已經夠苦了，還要到外島，心裡真是難受，只要一有空閒就會拿起紙筆給家人與女朋友寫信，以抒發別離及思念之苦。

信件一來一回總要十天，約兩個禮拜左右，因為要有補給船從臺灣來，才會有信件包裹送到馬祖。大家消息都很靈通，一知道有船來了，就會開始引頸期待遠方捎來的精神糧食。

裝滿郵件的白色帆布袋送達連部後，通常由輔導長在晚餐中念名字，有人拿到信，有人接到家中寄來的衛生衣、毛線衣，也常有香腸、肉鬆之類的食物。收到信的人高興之情溢於言表，但當念完最後一個名字時，我總會看到很多人的失望落寞。

排附足足大我三十歲，他遇上不可抗力的因素，從此與家人斷了音訊。他不識字，但會將自己名字寫得好大。在這次移防前半年左右經人介紹認識一位臺灣鄉下女人並辦了結婚，她四十多歲，也不識字，與前夫有一位剛自高職畢業的女兒。

有一天，排附跟我說他太太的故事，他很高興終於有了家，有了可以相互依靠的人，還拿出他太太來信給我看。一封信一張紙，上面沒半個字，卻是畫了一堆圖形。我當場愣住了，排附卻指著圖形「猜著」每一個圖形「可能的意思」，我那時才了解

充滿歲月的郵票

原來不用文字的世界是怎麼一回事。

隔日，排附想回信問他太太，他寄的錢收到沒？跑來問我該怎麼畫圖形比較好表達，這真是考倒我了。想了半天著實毫無頭緒，只好跟他說：「我來幫你寫信吧！」。

排附欣喜若狂，沒想到以後竟演變成我寫信，他女兒代讀，回信則由女兒寫，我讀信給排附聽。

郵遞萬里情，跟不上現代 email、LINE 等快速，但信件本身的溫暖、等待信件的煎熬與收信時的喜悅，又豈是網路世界所能傳達。

生活風格 BLF095

轉角就郵愛

從特色郵局出發
找回書信傳情的美好年代

作　　者——江瑞庭、李盈螢、翁瑞祐、黃沛云、陳亞辰、旒峰、愚沐、謝欣珈
（依筆畫順序）
主　　編——羅德禎
責任編輯——吳嘉芬（特約）
美術設計——劉雅文（特約）
攝　　影——江瑞庭、李盈螢、李翔、吳東峻、連偉志、黃鼎翔、旒峰、楊志雄、
盧春宇（依筆畫順序）

總 策 劃——中華郵政股份有限公司
策劃召集——郭素娥、葉魏桐、林賽萍
企畫統籌——黃惠君、陳冠諭

出 版 者——遠見天下文化出版股份有限公司
創 辦 人——高希均、王力行
遠見・天下文化・事業群 董事長——高希均
事業群發行人／CEO／總編輯——王力行
天下文化社長／總經理——林天來
國際事務開發部兼版權中心總監——潘欣
法律顧問——理律法律事務所陳長文律師
著作權顧問——魏啟翔律師
社　　址——臺北市 104 松江路 93 巷 1 號 2 樓
讀者服務專線——（02）2662-0012
傳　　真——（02）2662-0007；2662-0009
電子信箱——cwpc@cwgv.com.tw
直接郵撥帳號——1326703-6 號　遠見天下文化出版股份有限公司

製 版 廠——東豪印刷事業有限公司
印 刷 廠——立龍藝術印刷股份有限公司
裝 訂 廠——中原造像股份有限公司
總 經 銷——大和書報圖書股份有限公司
電　　話——（02）8990-2588
出版日期——2019 年 3 月 15 日
第一版第 1 次印行
定　　價——新台幣 450 元
ISBN——978-986-479-643-4
書　　號——BLF095
天下文化官網——bookzone.cwgv.com.tw

國家圖書館出版品預行編目(CIP)資料

轉角就郵愛：從特色郵局出發，找回書信傳情的美好年代 / 江瑞庭等著
-- 第一版. -- 臺北市：遠見天下文化, 2019.03
面；　公分. -- (生活風格；BLF095)

ISBN 978-986-479-643-4(平裝)

1.郵局 2.人文地理 3.臺灣

733.4　　　　108002605

天下文化

BELIEVE IN READING